PSICANÁLISE E ADICÇÃO

Blucher

PSICANÁLISE E ADICÇÃO

Organizadores

José Alberto Zusman
Victoria Regina Béjar

Psicanálise e adicção

Editora Edgard Blücher Ltda.

Publisher Edgard Blücher
Editores Eduardo Blücher e Jonatas Eliakim
Coordenação editorial Andressa Lira
Produção editorial Lidiane Pedroso Gonçalves
Tradução Sonia Augusto
Preparação de texto Ana Lúcia dos Santos e Maurício Katayama
Diagramação Negrito Produção Editorial
Revisão de texto Ana Lúcia dos Santos e Maurício Katayama
Revisão técnica Ana Maria Baccari Kuhn, Alessandra Gordon, Ana Cristina Nascimento, Victoria Regina Béjar
Capa Laércio Flenic
Imagem da capa iStockphoto

Blucher

Rua Pedroso Alvarenga, 1245, 4º andar
04531-934 – São Paulo – SP – Brasil
Tel.: 55 11 3078-5366
contato@blucher.com.br
www.blucher.com.br

Segundo o Novo Acordo Ortográfico, conforme 6. ed. do *Vocabulário Ortográfico da Língua Portuguesa*, Academia Brasileira de Letras, julho de 2021.

Dados Internacionais de Catalogação na Publicação (CIP)
Angélica Ilacqua CRB-8/7057

Psicanálise e adicção / organizado por José Alberto Zusman, Victoria Regina Béjar. – São Paulo : Blucher, 2023.

266 p.

Bibliografia
ISBN 978-65-5506-705-7

1. Psicanálise 2. Vício em drogas I. Zusman, José Alberto II. Béjar, Victoria Regina

23-2057 CDD 150.195

Índice para catálogo sistemático:
1. Psicanálise

Conteúdo

Prefácio

É com muito orgulho e esperança que vejo o lançamento deste importante livro sobre adicções em território nacional.

As adicções acompanham o ser humano desde o começo da sua história e, no fundo, apresentam-se, até certo ponto, como uma forma de enfrentar as dificuldades que a vida apresenta.

Os objetos adictivos nos salvam e, em excesso, nos destroem. Tudo depende da dose e do tempo de uso. O uso de um objeto adictivo por um curto período não transforma o ser humano em adicto; simplesmente o afasta de uma dor emocional para que ele possa seguir em frente na construção de sua vida. Por outro lado, o excesso destrói. Cada adicção segue por caminhos distintos e precisam ser enfrentadas de diferentes formas, apesar de possuírem em comum uma sedução de um falso bem-estar e uma decepção de um objetivo nunca alcançado. Seja ela comportamental ou por uso de drogas, seu destino se resume à destruição da autonomia e dos valores éticos, morais e amorosos que configuram nossos principais ganhos civilizatórios. Acima de tudo na perda do amor pelo próximo (compaixão), pelos entes mais queridos e do cuidado pela própria pessoa. De tal forma isso se configura, que o adicto corre o risco de trocar os amigos e familiares por cúmplices de degradação, trocam, por fim pessoas por coisas. Destino esse, contudo, até certo ponto reversível.

Este importante livro reúne alguns dos maiores especialistas no assunto e espero que suas contribuições possam esclarecer e ajudar pessoas que precisam de apoio e que também possa ser um material de consulta para aqueles que se interessam pelo assunto.

José Alberto Zusman, MD.

Presidente da Subcomissão de Addiction da IPA e presidente da Sociedade de Psicanálise do Rio de Janeiro (SPRJ), pós-doutor em Pesquisa em Adicções UFRJ/Harvard.

1. Abrindo a pousada: o espaço dinâmico na prática clínica relacional com os transtornos de adicção[1]

J. Marc Wallis

O tópico dos transtornos do uso de substâncias é vasto e multidimensional, com uma gama diversificada de formulações teóricas e abordagens de tratamento. Para os propósitos deste Capítulo, vou me concentrar na eficácia do tratamento holístico e colaborativo e na importância do intercâmbio dinâmico e pleno de nuances entre terapeuta e paciente. Usando a metáfora ampliada da pousada, criei um modelo e vou mostrar sua aplicação para a vida real da prática clínica.

O trabalho clínico efetivo com pessoas que têm transtornos de uso de substâncias exige do analista estabilidade, flexibilidade e até mesmo mobilidade. Considerando as cisões predominantes no tratamento de transtornos de adicção – analista/não analista, mente/corpo, pensamento/ação, onipotência/futilidade –, sugiro que seja especialmente importante não ficar preocupado com a

---

1 Quero agradecer a Mitchell Wilson pela permissão para usar sua metáfora da pousada analítica. Agradeço também a Brian Komei Dempster por sua generosa ajuda editorial.

concepção errônea de que a ajuda prática é, de algum modo, não analítica. Muitas vezes, nós precisamos primeiramente trabalhar com o paciente para lidar com os comportamentos de adicção habituais e interrompê-los. Isso pode incluir trabalho de redução de danos, educação, medicação, consulta com membros da família e contato com grupos de apoio e programas de tratamento conjunto. Por meio da oferta cuidadosa de ajuda prática a esses pacientes, podemos ganhar a confiança deles, ajudá-los a ficarem mais seguros e criar possibilidades para um crescimento psicológico mais profundo do que poderiam imaginar. Embora não exista um caminho linear único em direção ao trabalho psicológico mais profundo com esses pacientes, uma ação substancial do clínico pode estabelecer um pouco de segurança e estabilidade, que ajude a criar a base relacional na qual uma interdependência confiável pode primeiro aparecer e, depois, fortalecer-se. A partir dessa base, o trabalho profundo pode ocorrer intermitentemente e progredir de modo cíclico.

Meu estimado colega Mitchell Wilson fala com eloquência por meio da metáfora do analista como o dono da pousada (Wilson, 2020). Tomando de empréstimo essa poderosa imagem do dono da pousada, remodelei essa analogia para meus próprios propósitos a fim de discutir o trabalho com pacientes com transtornos de uso de substâncias.

Para termos uma pousada analítica em que recebemos pacientes com transtornos de adicção, ela precisa fornecer um conjunto de serviços aos hóspedes e ter uma diversidade de procedimentos disponíveis para responder às necessidades deles, determinadas caso a caso. Nem todos os hóspedes são tratados da mesma maneira, embora *todos* eles sejam *respeitados*. Cada paciente precisa de seu próprio analista único, de seu próprio relacionamento especial com o dono da pousada.

Os transtornos de uso de substância acontecem em todos os níveis de funcionamento psíquico e em todos os tipos de personalidade. Alguns hóspedes podem entrar no lobby e contar livremente sua história de vida para você enquanto descarregam tantas malas figurativas que, desde o início, parecem pretender se mudar permanentemente para a pousada. Os pacientes com transtornos de adicção podem também esvaziar o frigobar sem pagar a conta, causar danos ao quarto, andar embriagados pelos corredores e podem precisar de ajuda especial e de instruções do *concierge*. Esses hóspedes, esses pacientes, estão, em graus diferentes, inconscientes ou sobrecarregados por seus sentimentos e preocupados com rituais particulares de alívio e de dissociação. Em geral, envergonham-se de seus pensamentos e comportamentos secretos, no entanto, podem suspeitar de que precisam da ajuda do dono da pousada. Eles podem precisar que lhes ofereçamos não só um lugar aquecido para descansar e ser reconhecidos, mas também que nós os apresentemos a *si mesmos*, enquanto ao mesmo tempo fornecemos uma pousada analítica segura e estável. Penso em Kernberg (Yeomans, Clarkin & Kernberg, 2002) e algumas das regras explícitas de sua pousada figurativa para pacientes borderlines, imaginando a regra número 1, afixada na recepção: se você se tornar terrível e abertamente destrutivo, não poderá permanecer na pousada. E penso em Winnicott colocando para fora seu jovem hóspede disruptivo durante um episódio de ódio na contratransferência (Winnicott, 1949/1994). É crucial saber os próprios limites, ter regras da casa e, mesmo assim, ser totalmente colaborativo com aqueles que podem fazer bom uso do dono da pousada, e até mesmo buscar calorosamente e animar (Alvarez, 1992) aqueles hóspedes que poderiam de outra maneira se retrair e murchar sozinhos em seus quartos.

Por que eu enfatizo que o analista deva assumir uma posição ativa? Por definição, esses pacientes se envolvem em ações para dispersar ou ampliar afetos. Algumas vezes, nossas palavras não são suficientes. Pode ser necessário ir ao encontro da ação deles com ação. Eles podem precisar que digamos "sim" e os aceitemos *como são* enquanto, ao mesmo tempo, digamos "não" a aspectos do que *fazem*, para mostrar que podemos imaginar suas façanhas ou abusos quando eles não estão conosco, que nós *queremos* conhecer o estado do eu do paciente que apresenta , não *apenas* uma versão obediente e abstinente de si mesmo (Director, 2008).

Mais ainda, não é suficiente ficar em casa e habitar a pousada. O analista precisa ser *robusto e flexível* dentro dos limites da pousada e também *móvel*. Os pacientes com transtornos de adicção podem precisar metaforicamente que deixemos a segurança de nosso consultório e, figurativamente, nos juntemos a eles na estrada, que viajemos com eles e permitamos que eles mostrem o caminho. Nós queremos saber e entender onde eles estiveram, como viajaram e do que mais podem precisar. Não podemos vir a saber essas coisas se ficarmos acomodados em pousadas analíticas rígidas ou dogmáticas. Podemos precisar flexibilizar o enquadre para conhecê-los plenamente. Nossos pacientes não podem conceber a curiosidade que temos por eles nem nossas visões para suas viagens futuras se nos tomarem como tacanhos e ilhados, nunca saindo de nossa pousada aconchegante. Cada um desses hóspedes precisa de uma nova pousada, um novo dono de pousada, uma nova experiência relacional. Podemos fazer com que se interessem gradualmente no crescimento e nas possibilidades que existem para além das maneiras habituais com que eles se agarram a objetos parciais e aos gastos rituais, entretidos repetidamente com o objeto aditivo e tudo o que representa. Quando podemos desalojar o usuário de seu uso ritualístico e impeditivo da droga ou de outro envolvimento aditivo, podemos levá-lo a se engajar com um sentimento, uma possibilidade, um ponto de contato – dentro do self ou no outro –, que podem se transformar em uma ponte relacional que reinicie o crescimento psíquico.

Com tempo demais na estrada figurativa, o dono da pousada fica exausto e desorientado, a pousada fica negligenciada, como também os outros hóspedes. Como temos nossos limites, cada um de nós precisa desenvolver e proteger nossa pousada e nós mesmos de modo a não sucumbir à fantasia onipotente de resgatar esses pacientes de si mesmos. Não estou sugerindo que possamos ser tudo para todos os pacientes.

Agora vou compartilhar um exemplo clínico para ilustrar como nosso contato com os pacientes pode reiniciar o crescimento psíquico em áreas que se tornaram impedidas ou ainda não simbolizadas. Essa vinheta retrata um paciente dentre a enorme variedade de pacientes com transtornos de uso de substâncias. Alguns tiveram resultados decepcionantes ou mesmo trágicos, enquanto muitos puderam fazer mudanças terapêuticas que salvaram vidas e passaram a se expandir e enriquecer além do que lhes parecia possível. Essa troca específica ocorreu com um paciente no início da recuperação, em algum ponto do vasto meio entre o controle do relacionamento com a adicção e a consolidação das capacidades pós-adicção. Este excerto destaca tanto as limitações na capacidade simbólica vistas com frequência em transtornos de adicção mais arraigados, como esperanças de um futuro de crescimento psicológico.

Uma paciente com uma longa história de dependência de diversas substâncias entrou em tratamento comigo logo depois de se comprometer com a abstinência após uso diário e pesado de álcool, e uso frequente de cocaína. Depois de vários meses de tratamento, no final de uma hora, ela anunciou que estava planejando passar de dois encontros por semana para um. Em nosso próximo encontro, em um certo ponto, observei em voz alta como sabia pouco sobre seus pais, quantas eram as coisas "*não ditas*" com ela. Sem parar nem por um segundo, ela respondeu que "Na verdade, as coisas que você acha que eu poderia *dizer* são *impensadas*".

Aqui, era importante assumir uma postura ativa. Uma forma de fazer isso era minha atenção à distinção que ela estava fazendo. Em vez de definir os limites da pousada com base em minha própria preconcepção, tentei abrir uma porta para ela. Entre minhas respostas, disse que, embora ela estivesse fazendo progressos importantes no controle de seu uso de álcool e drogas, havia muito mais trabalho a ser feito no conhecimento de si mesma, em se tornar conhecida por outra pessoa, e uma riqueza que possivelmente ela nem tivesse pensado. Eu disse que estava realmente pensando que deveríamos nos encontrar *mais* frequentemente. Eu queria que ela sentisse esse acolhimento, esse respeito exibido por qualquer bom dono de pousada. Ela então disse o seguinte:

> *Não ter de colocar em palavras, não ter de traduzir meus pensamentos e sentimentos para que alguém possa entender, é assim que tenho lidado com as coisas. Tenho dificuldade para traduzir. Não tenho todo o vocabulário* nem mesmo para mim mesma. *Não tem a ver com nomear os sentimentos; é só puro sentimento. Se eu desacelerar, algumas vezes consigo encontrar as palavras. Porém, é mais fácil ter uma sensação física. E depois uso uma substância para sentir menos ou para ampliar o sentimento. Não quero deixar que as coisas passem naturalmente. Não quero fazer o trabalho.*

Pacientes com transtornos de adicção – de fato, a maioria das pessoas que conheci – tendem a se sentir mais respeitados quando sabem que nós os vemos de modo holístico. De fato, tanto os outros autores neste livro como eu, todos compartilhamos um interesse pelos processos relacionais que podem localizar e despertar as áreas de estagnação psíquica que inibem o crescimento psicológico. A exploração da vida precoce dos pacientes com transtornos de adicção tende a revelar ambientes que nem sempre são francamente traumáticos, embora possa-se ver também pacientes com transtornos de adicção que tiveram a alma assassinada (Shengold, 1991). Nós podemos ver esses pacientes como aqueles que tiveram experiências ambientais – além de fatores biológicos e sociais – que impactaram seu crescimento. O desenvolvimento de capacidades relacionais e de autorregulação se retardou, e eles se *retraíram* de um ambiente *não* suficientemente bom ou traumatizante *para a busca de* um objeto de *adicção* (Hurst, 1995). Esse processo pode não se revelar plenamente até a adolescência, ou mesmo mais tarde na vida, quando as circunstâncias desencadeiam uma necessidade pronunciada desse retraimento para dentro do eu. Penso no objeto de adicção como um objeto transicional *fracassado*, semiautista e envolto em defesas onipotentes. Isso serve a uma diversidade de necessidades de equilíbrio psíquico e sobrevivência. O objeto da adicção é fundamentalmente *oposto* à *interdependência* (Zusman, 2021). Por meio da sintonia afetiva e do questionamento analítico ativo, o analista pode re-despertar a capacidade do paciente de se relacionar com sua própria experiência. Aqui, o analista deve exercer flexibilidade e mobilidade, o que abre o espaço metafórico da pousada no qual o paciente se sente confortável e seguro para entrar.

Eu disse à minha paciente que notei que quando perguntei sobre os sentimentos dela e a ausência de informações a seu respeito, ela foi imediatamente capaz de articular de forma clara como partes do processo de adicção funcionam dentro dela; quando nós desaceleramos, percebo que ela *pode* encontrar algumas das palavras. Ao fazer isso, pude enfatizar o espaço compartilhado entre nós, no qual as palavras *são* pensadas *e* ditas.

Ela disse: "Costumava ser que eu me sentia mal, bebia, depois me sentia mal por causa disso, e bebia, e assim por diante. Esse era o único jeito que eu sabia como lidar com esses sentimentos. Fiz algumas coisas das quais não me orgulho, mas acho que estou me tornando menos nociva e ainda menos nociva para mim mesma do que antes".

Ao buscar e colaborar ativamente com a paciente, nós pudemos desacelerar as defesas maníacas habituais e interromper o caso de amor problemático com o objeto de adicção interno. Essas pausas, moldadas com o analista, criam um tempo e um espaço analíticos nos quais as possibilidades existem e as esperanças emergem. Elas não só abrem a porta da pousada, mas também recebem o paciente em novas salas. Nós nos juntamos a ele, olhamos pelas janelas, encontramos novas maneiras de ver. Nesse espaço, os hábitos automáticos e desgastados desaceleram, os impulsos podem ser adiados, as emoções são sentidas e a experiência é reconhecida. Junto com o paciente, nós criamos novas formas de autorregulação, pensamento, simbolização e crescimento da capacidade humana para relacionar-se.

Referências

Alvarez, A. (1992). *Live company: psychoanalytic psychotherapy with autistic, borderline, deprived and abused children.* Routledge.

Director, L. (2008). Encounters with omnipotence in the psychoanalysis of substance users. *Psychoanalytic Dialogues, 15*(4).

Hurst, D. (1995). "Transitional" and "autistic" phenomena in addictive behavior. In S. Dowling (Ed.). *The Psychology and Treatment of Addictive Behavior* (p. 167). International Universities Press.

Shengold, L. (1991). *Soul murder: the effects of childhood abuse and deprivation*. Balantine Books.

Wilson, M. (2020). *The ethical foundation of clinical practice*. Bloomsbury Academic.

Winnicott, D. (1949/1994). Hate in the counter-transference. *International Journal of Psychoanalysis, XXX*: 69-74.

Yeomans, F., Clarkin, J., & Kernberg, O. (2002). *A primer of transference-focused psychotherapy for the borderline patient*. Jason Aronson.

Zusman, J. (2021). Between dependency and addiction. *Psychoanalytic Study of the Child, 74*(1), 280-293.

2. Pornografia, psicanálise e neurociência afetiva

Claudia Spadazzi

Segundo o Manual Diagnóstico e Estatístico de Transtornos Mentais (DSM-5), o uso compulsivo da internet pode ser conceitualizado como uma adicção. Porém, será que a pornografia compulsiva na internet também pode ser considerada uma adicção? Do ponto de visto da neurociência afetiva, a adicção é sustentada pelo sistema BUSCA/RECOMPENSA, o sistema DESEJO e, na opinião de alguns autores, também pelo sistema PÂNICO/PESAR. Que dinâmica psíquica deriva da necessidade compulsiva de imagens pornográficas? E quais sistemas neurobiológicos estão envolvidos? A pornografia ainda é o "ladrão de sonhos" para os nativos digitais? Com a expansão crescente da pornografia e a idade decrescente de exposição, uma compreensão mais ampla da conexão entre a busca de imagens e o mundo interior pode ser extremamente útil na prática clínica.

Desde sua invasão do mundo ocidental, a pornografia tem permeado nossa cultura, nossa vida e nossos consultórios de análise. Mas essa não foi uma invasão "alienígena": criada e transformada ao longo da evolução da humanidade, a pornografia existe desde a aurora da civilização. Porém, a era da tecnologia desencadeou algumas mudanças radicais nesse fenômeno. O conceito de Cooper (1988), "triplo A" – "disponibilidade, acessibilidade, anonimato" (*availability, affordability, anonymity*) – explica de modo muito sintético a progressão persistente do uso da pornografia. Embora de proporções impensáveis, a progressão pode ser mensurada por meio dos seguintes dados:

- 12% de todos os sites têm conteúdo pornográfico;
- MindGeek, o líder mundial de pornografia na internet, tem 100 milhões de visualizações por dia e 80 bilhões de vídeos exibidos por ano (*The Economist*, 26 de setembro de 2015);
- cerca de 30% das palavras digitadas na internet estão relacionadas à pornografia;
- os Estados Unidos são o país com o número mais alto de usuários de pornografia, com estimados 40 milhões de consumidores regulares;
- 30% do tráfego da internet é dedicado à pornografia.

Nossa sociedade moderna está enfrentando um processo que pode ser definido como "pornograficação". Esse termo, introduzido por Brian McNair em 1996 (1996, 2002), explica como o conceito de pornografia está relacionado à democratização de seu acesso e ao enorme aumento da disponibilidade do material explícito. Esse aumento e seu desfrute estão tendo um enorme impacto sobre tendências, opiniões, práticas e comportamentos morais. Mesmo se consumida secretamente, a pornografia tem uma influência aberta, pública e profunda sobre os indivíduos por meio da mídia. Além disso, a pornografia atingiu um "status" de normalidade em sua aceitação comum por todos os países ocidentais.

> *O termo pornograficação não está apenas relacionado à quantidade de vídeos, imagens, fotos e histórias que são oferecidas pelo imenso conteúdo da internet, ele também define as transformações que os cânones pornográficos têm operado sobre a cultura visual e as práticas da mídia. (Stella, 2021)*

Vasto número de publicações sobre esse fenômeno (aproximadamente 300 livros com edições anglo-americanas e europeias) é examinado na revista trimestral *Porn Studies*, editada por F. Attwood, uma das principais estudiosas desse assunto.

Desde o conceito de "obscenidade" de J. Baudrillard (1979) até o conceito de "on-scenity" de L. Williams (2004), podemos ver a transformação de privado e íntimo até a superexposição progressiva. Esse processo trivializa e massifica não só a sexualidade e o corpo, mas também e principalmente sentimentos, funções e eventos da vida. *Talk shows*, redes sociais, publicidade, YouTube, vídeos virais: a fronteira entre privacidade e exibição se dilui no fluxo incessante de imagens que permeia nossa vida cotidiana.

Em paralelo ao recente debate a respeito da influência dos fenômenos sociais sobre teorias e práticas clínicas em relação à sexualidade, a psicanálise contemporânea não parece levar suficientemente em conta os profundos efeitos transformadores da pornografia (Paul, 2016; Ahumada, 2016). Obviamente, muitos casos clínicos se referem à pornografia, porém, apesar de algumas publicações no campo da psicodinâmica (Kalman, 2008; Galatzer-Levy, 2012; Wood, 2013; Janin, 2015), a pornografia continua limitada aos estudos em sociologia/filosofia/estudos audiovisuais (Stella, 2011; Dines, 2010; Giddens, 1992; Marzano, 2012; Biasin, Maina & Zecca, 2011) e psicologia comportamental/sexologia (Attwood, 2006; Smith, 2002; Cooper, 1998; Cooper, Delmonico, Griffin-Shelley & Mathy, 2004).

Estudos culturais anglo-americanos, estudos femininos, estudos de gênero, estudos de filmes e mídia representam uma vasta e combinada área multidisciplinar de pesquisa. Outros modelos se originaram nessas disciplinas e, mais especificamente, o subsistema de estudos de pornografia, com a pornografia como seu principal objeto de pesquisa e análises.

A maioria dos estudos de psicologia comportamental e neurobiologia relativos ao uso de pornografia estão centrados em homens jovens e adolescentes do sexo masculino. As visualizações de conteúdo pornográfico desencadeiam uma excitação sexual crescente que culmina em masturbação. Durante a puberdade e a adolescência, um período da vida que apresenta um aumento no impulso sexual devido ao aumento súbito na atividade hormonal, a masturbação oferece uma função cognitiva e descoberta do próprio corpo. No entanto, se, na vida adulta, a masturbação se tornar um comportamento compulsivo, esse assume os contornos de uma atividade sexual sem objeto, um substituto do encontro com o Outro. Isso, por sua vez, incentiva uma forma narcisista de satisfação que possibilita ao sujeito evitar a busca de um parceiro, a conquista e o estabelecimento de um relacionamento. Obviamente, do ponto de vista da espécie, o objetivo da atividade sexual é a copulação. Nos dois sexos, esse objetivo é o resultado da combinação do sistema BUSCA/RECOMPENSA – pesquisa de parceiros e condições favoráveis – e do sistema DESEJO – excitação, copulação e orgasmo. Antes do início da reprodução assistida, a continuidade da espécie humana baseava-se necessariamente na dupla sexualidade-reprodução.

Segundo o dualismo pulsional freudiano, as pulsões são divididas em impulsos sexuais, necessários às espécies, e em pulsões de autopreservação, necessárias à sobrevivência. Em sua primeira teoria das pulsões, Freud (1910) detalha como as pulsões sexuais e de autopreservação atuam em oposição, porém, no contexto de sua segunda teoria das pulsões (Freud, 1920), especifica como eles agem conjuntamente como impulsos de vida. O que acontece quando o uso de pornografia na internet começa a substituir o interesse "natural" de uma pessoa na busca por um parceiro sexual? Quando a necessidade de estímulo visual se torna uma compulsão e substitui o desejo ancestral de encontrar um possível parceiro sexual?

Em uma publicação sobre o tempo passado em sites pornográficos, Cooper, Delmonico e Burg (2000) fazem a diferenciação entre os usos "recreacional" e "compulsivo" da pornografia, em que o uso compulsivo é quantificado como uma média de onze horas por semana. É controverso se, do ponto de vista clínico, a pornografia via internet combinada à masturbação pode ser definida como uma adicção. O transtorno de dependência da internet está sendo cada vez mais estudado de um ponto de vista clínico e social, em particular entre adolescentes e homens jovens. Embora confirmando assimilaridades neurobiológicas entre o transtorno de dependência da internet e o abuso de drogas, o DSM-5 restringiu a adicção à internet ao jogo.

Do ponto de vista da neurociência afetiva, a "adicção" exibe uma alteração da psicodinâmica que está principalmente relacionada aos três sistemas. Todos estes se tornam entrelaçados e determinam um desequilíbrio nos neurotransmissores que regulam seu funcionamento. Em particular o sistema dopaminérgico BUSCA/RECOMPENSA é alterado por todos os tipos de substâncias, como drogas, opioides, álcool e psicoestimulantes. Essa alteração desencadeia uma redução progressiva de todos os efeitos sobre o desejo não relacionados a cada substância específica. Em particular, os receptores D2 são reduzidos pela adicção (Volkow et al., 2007). O acúmulo de uma transcrição do fator genético ΔfosB, (Nestler 2001, 2004) permanece por um bom tempo dentro dos neurônios (seis a oito semanas) e parece provocar mudanças neuroplásticas dentro do sistema dopaminérgico. Essas mudanças determinam alterações neurais e comportamentais que apoiam a transição das consequências agudas do consumo da substância para uma condição da adicção crônica. O acúmulo do ΔfosB ocorre também em adicções não relacionadas a drogas, como transtorno de dependência à internet, à comida e à atividade esportiva intensa. Dois aspectos principais desencadeiam a progressão de uso para abuso e, consequentemente, para adicção. O primeiro é a oferta ilimitada, em termos de qualidade e quantidade, que fortalece a onipotência fantasmática do sujeito. Ao contrário do que ocorre em um relacionamento real, o usuário de pornografia pode escolher qualquer representação que desejar dentre a vasta quantidade de conteúdo oferecido. Isso nos lembra a gratificação narcisista do Don Giovanni, de Mozart: "Aqui está uma lista".

O segundo aspecto está baseado na visualização de conteúdo cada vez mais explícito, similar ao consumo de doses mais fortes de drogas ou álcool. A cobiça de uma pacificação interna inalcançável força o sujeito a uma busca compulsiva por imagens cada vez mais explícitas, mais violentas e mais perversas. Na maioria dos casos, a masturbação segue-se à visualização de vídeos pornográficos, permitindo uma diminuição temporária das tensões desencadeadas pela visualização dos conteúdos selecionados pelo sujeito. Contudo, devemos destacar o fato de que a sexualidade é apenas marginalmente relevante no contexto da pornografia. Panksepp e Biven (2012) conceitualizam uma distinção com três vertentes entre os afetos homeostáticos corporais, os afetos sensoriais e os afetos emocionais. O sistema DESEJO diz respeito a uma sinergia entre elementos sensoriais e homeostáticos em que as percepções por meio dos cinco sentidos têm um papel importante. O desejo sexual se origina dos circuitos subcorticais, guiados e sustentados pelos hormônios sexuais produzidos pelos órgãos genitais (testículos e ovários), junto com o hipotálamo e o eixo da hipófise. A ativação combinada das regiões médias do hipotálamo anterior (núcleos intersticiais) e percepções sensoriais corticais determina o início do desejo e da excitação sexual, por meio da liberação de vasopressina, oxitocina e outros neurotransmissores. O sistema DESEJO, estritamente conectado com o sistema BUSCA, impele intensamente o sujeito para a conquista, copulação e orgasmo, com o orgasmo representando o auge do prazer sexual, trazendo a liberação de endorfinas e, em especial, da vasopressina. A vasopressina tem uma função de feedback para o sistema nervoso central (SNC) no que diz respeito a todos os aspectos neurobiológicos relacionados ao impulso sexual e ao comportamento ligado a esse impulso. Na experiência orgástica, os sistemas emocionais trans-hipotalâmicos são ativados, como pode ser visto na ressonância magnética. Durante a visualização de pornografia, porém, o sistema DESEJO permanece secundário em comparação ao sistema BUSCA, com a ativação do desejo sendo provocada pela percepção visual, ou seja, nas áreas corticais visuais. A excitação provocada por um vídeo não inclui os componentes táteis, olfativos e de paladar, apoiando-se apenas em um hiperinvestimento visual. Orgasmos obtidos por meio de masturbação enquanto se vê um vídeo têm uma meta evacuativa em relação à tensão despertada pelas imagens selecionadas.

Em relação ao envolvimento das áreas erógenas, Panksepp e Biven (2012) questionam se as áreas corticais especializadas têm acesso direto aos sistemas emocionais subcorticais. Consequentemente, destacam a irrelevância dos sentimentos sexuais na ausência da ativação das áreas corticais especializadas. Em outras palavras, o impulso em direção à pornografia parece estar baseado principalmente no sistema BUSCA, com apenas o envolvimento secundário do sistema DESEJO. Assim, atua por meio de um mecanismo de cima para baixo (cortical → subcortical), em vez do mecanismo fisiológico de baixo para cima (subcortical → cortical).

A publicação de Solms, Zellner, Watts e Panksepp (2011) sobre os aspectos neurobiológicos da depressão e da adicção esboça um mecanismo paralelo entre masturbação e adicção. A similaridade entre o prazer hedonista induzido por opiáceos e o prazer narcisista derivado da masturbação é autoevidente. Segundo os autores, todos os tipos de adicção são inicialmente determinados pelo sistema de BUSCA de apetite; seguidos pelo sistema DESEJO/PRAZER, que traz gratificação; e, em paralelo, pelo sistema PÂNICO/PESAR, que intervém no processo de apego. Como se a substância indutora de dependência pudesse ter a função de um objeto de apego. Os autores diferem do modelo de adicção clássica de Berridge (2007) – baseada na "saliência do incentivo" – e destacam a importância da dor psíquica induzida pelo sistema PÂNICO/PESAR. Eles concluem: "Em outras palavras, os dependentes de drogas, assim como os masturbadores, não procuram uma gratificação sensorial; a droga também é um autocuidado que substitui a experiência de apego da qual eles realmente precisam". Os aspectos de autocuidado mencionados apoiam a compulsão e estão relacionados ao processo psicodinâmico, que, por sua vez, determina um comportamento compulsivo.

As importantes contribuições de Stoller e de Masud Khan sobre pornografia datam dos anos 1970 e estão relacionadas ao uso/abuso dos quadrinhos, revistas, filmes e vídeos adultos. Masud Kahn conceitualiza o uso da pornografia como uma forma de alienação do Eu e do Outro, em uma aniquilação cada vez maior da fantasia e da relação de objeto. O impulso sexual é mutilado e convertido em uma forma particular de violência e erotizado, a fim de se tornar suportável. Masud Khan (1979) declara: "A pornografia é o ladrão dos sonhos". Nessa época, ele não podia prever o enorme impacto da tecnologia contemporânea e da pornografia sobre a mente.

Seguindo Winnicott, Masud Khan conceitualiza a pornografia como uma negação do Eu e do Objeto, na tentativa compulsiva de reconectar o impulso sexual à agressividade. A fúria é um afeto dominante, que se desenvolve em um evento somático, excitação e, por fim, orgasmo. Khan sublinha o fato de que não se pode acessar a sublimação nem trabalhar os processos e a tendência ao isolamento que deriva da renúncia ao Objeto. A hipermentalização e o hiper-realismo prendem a mente em um jogo perverso que reduz progressivamente a imaginação e a sensibilidade do sujeito.

Ao longo de seu vasto trabalho sobre sexualidade, Robert Stoller explorou amplamente o mundo da pornografia, tanto do ponto de vista teórico quanto clínico. Suas ricas contribuições investigaram os inumeráveis aspectos da pornografia e incluem uma série de interessantes entrevistas com artistas pornôs. Segundo Stoller, a pornografia é um "devaneio publicado", enquanto a perversão é um "devaneio atuado". O pensamento de Stoller destaca o forte vínculo entre a perversão como uma "forma erótica do ódio" e a pornografia, e o fato de que ambas levam à impossibilidade de a pessoa tolerar a intimidade. Essa impossibilidade é estritamente conectada a um processo de desumanização e um desejo de humilhar, ferir, causar dano e ser cruel ao próprio objeto sexual.

Na prática clínica, a abordagem à pornografia é mais consistente na psicanálise contemporânea do que foi na década de 1970. Em primeiro lugar, a exposição à pornografia é cada vez mais precoce devido à vastidão de sua difusão. Os resultados dessa exposição maciça na adolescência ou mesmo na pré-puberdade não têm sido explorados, embora pareça que os possíveis efeitos traumáticos tenham sido amplamente subestimados (Woods, 2015). A comparação entre nosso próprio corpo, cuja identidade adolescente ainda está por ser definida, e o corpo e os genitais dos atores pornôs pode gerar frustração e um ferimento narcisista que trará consequências significativas. As expectativas relacionadas aos desempenhos gravados necessariamente provocam uma decepção, e a lacuna entre essa decepção e as fantasias onipotentes pode causar um desligamento crescente dos relacionamentos interpessoais reais. Além disso, a fantasia onipotente sustenta essa relação de objeto particular virtual: só é preciso um clique para que esta seja cancelada. O sentimento de onipotência favorece a contenção da ansiedade relacionada ao se envolver em um relacionamento íntimo real. O relacionamento é, portanto, confinado em uma área virtual na qual, graças a um sentimento de onipotência, qualquer coisa é possível.

Além disso, a própria web garante a impessoalidade e a impunidade. Junto com a diminuição em desaprovação superegoica para uma prática que, atualmente, é considerada parte da cultura contemporânea, a irresponsabilidade social cresce e é fortalecida pelo anonimato e pela crescente difusão de identidade entre os usuários da internet. A pessoa não se sente responsável ao assistir as cenas que são prejudiciais para a dignidade humana, violentas ou perversas, e os conteúdos que são ilegais e não éticos. As fronteiras dos princípios éticos tendem a se desvanecer no magma da web. Na sala analítica, a pornografia encontra um lugar onde um sujeito tem permissão para entrar em um espaço mental de compreensão – quer o uso do conteúdo pornográfico seja ocasional ou sua frequência e necessidade indiquem um aspecto compulsivo. A oportunidade recebida pelo sujeito para escolher um assunto mais próximo de suas necessidades inconscientes está ligada ao tema da autocura proposto por Solms, Zellner, Watts e Panksepp (2011), mediado pelo envolvimento do sistema PÂNICO/PESAR. A pornografia entra na sala de análise diretamente, quando os pacientes falam sobre essa, ou indiretamente, quando diz respeito às pessoas próximas ao paciente. A pornografia muitas vezes é um elemento traumático que irrompe em um smartphone ou um computador de um Outro significativo. A surpresa é comum, como se a pornografia oferecesse o lado oculto do Outro: quando os pais descobrem a respeito de um adolescente, ou um filho ou filha descobre a respeito de seu pai ou mãe (em geral, o pai ou padrasto), um(a) parceiro(a), sobre seu companheiro(a). Em um casal, seja hétero ou homossexual, um parceiro pode às vezes pedir que o outro compartilhe a visualização do conteúdo. Essa divisão coordenada pode levar a uma abertura do mundo interior do Outro que pode se tornar intolerável. S., uma paciente em psicanálise por vários anos, lembrou-se:

> *Eu pensei que ver YouPorn junto com A. seria uma experiência transgressiva e excitante... Com o tempo, percebi que A. estava se sentindo cada vez mais atraído por cenas de submissão, com um conteúdo cada vez mais violento... Eu me senti desconfortável e fiquei pensando se ele desejava isso de mim...*

Algumas vezes, o mundo interior aparece diretamente, quando o paciente apresenta sua experiência pessoal. Um paciente em análise comenta como assistir a vídeos pornôs é seu modo de superar os estados depressivos derivados de frustrações profissionais ou sentimentais. A busca e a escolha do vídeo "certo" algumas vezes aparecem diretamente na sessão, quando o paciente fala sobre sua experiência pessoal. Buscar e achar o vídeo traz um bem-estar imediato e de curta duração, seguido logo depois por uma recaída depressiva, junto com sentimentos de desconforto e irritabilidade. Para esse paciente, a busca exasperada pelos sites pornôs reduz o tempo que ele poderia dedicar às atividades produtivas e é percebida como um desligamento da realidade, inevitável, doloroso e ego-distônico.

"Para mim, a pornografia é uma gratificação de baixo custo: o problema é que isso nunca é suficiente."

Nesse comentário conciso, todas as características narcisistas, evitação de relacionamento de objeto e compulsão à repetição são reunidas; bem como a prevalência do sistema BUSCA/

RECOMPENSA sobre o sistema DESEJO/PRAZER. Os aspectos de apego substituto – dor e tentativas de cura – são sustentados pelo sistema PÂNICO/PESAR. Na prática clínica, a comunicação sobre pornografia é muitas vezes embaraçosa, por causa da compulsão, além da fadiga que vem com o sentimento de precisar explicar detalhadamente o anseio de assistir a essa representação específica, dentro de um ambiente e uma situação precisos. A representação favorita corresponde às áreas traumáticas que não têm funcionado e precisam de uma representação repetitiva. O relacionamento com fantasias e, em especial, com a "fantasia masturbatória central", conforme conceitualizado por M. Laufer (1976), é crucial. O conceito de Laufer é especialmente relevante na compreensão dos desenvolvimentos adolescentes normais e patológicos. O impulso inconsciente que impele uma pessoa a escolher uma determinada representação está ligado à subjetividade de cada indivíduo e às interações dinâmicas específicas de numerosos elementos que estão interconectados e derivam fundamentalmente das primeiras experiências traumáticas relacionais. No entanto, enquanto a fantasia – bem como o sonho – é capaz de fornecer uma função de elaboração, a atitude passiva do espectador ao assistir à tela determina que a representação – o "devaneio publicado" de Stoller – seja pré-embalada. Dirigida por uma mão externa, tudo que a cena pode oferecer é uma tensão solipsística sendo liberada por meio de uma atuação masturbatória. As inumeráveis cenas sexuais e a vasta escolha de representações das perversões polimórficas disponíveis na web não criam novas fantasias nem novas necessidades. O acesso fácil a todas essas representações parece criar uma via rápida potencial sobre os pontos fracos do desenvolvimento infantil do indivíduo. Ao descrever o caminho que leva à adicção, N. Doidge (2008), neurologista e membro da Sociedade Psicanalítica Canadense, escreve como a pornografia explícita revela algumas das redes neurais estabelecidas durante períodos cruciais do desenvolvimento sexual. Segundo esse autor (Doidge, 2008), esses elementos primitivos esquecidos ou reprimidos continuam a estabelecer novas redes, em que todas as características dos elementos mencionados estão interconectadas. Quando uma combinação de imagens especial desencadeia excitação sexual, o sujeito as assiste repetidamente enquanto se masturba, o que libera dopamina. Assim, a libido dele é, de algum modo, reconstruída e profundamente enraizada em suas tendências sexuais ocultas. Esse tipo de "neossexualidade" se transforma em um tipo de adicção, em que a satisfação está misturada com agressividade. A combinação de imagens violentas e sexuais aumenta a disseminação do conteúdo sadomasoquista na web. O aspecto perverso sublinhado pelo autor anteriormente citado destaca a dinâmica neurobiológica desencadeada pela necessidade de imagens cada vez mais violentas e explícitas, com o objetivo de provocar uma resposta de excitação (Doidge, 2008, p. 125). Isso está ligado ao pensamento de Stoller sobre o lado mortífero da pornografia, em que a erotização é apresentada como uma defesa repetitiva, muitas vezes com características maníacas.

Construir uma ponte entre as neurociências e a psicanálise constitui um desafio estimulante que está enriquecendo os dois campos, além de estar criando uma integração construtiva (Yovell, Solms & Fotopoulou, 2015; Merciai & Cannella, 2009). No que se refere aos abusadores de pornografia, graças à compreensão da psicodinâmica e dos recentes achados neurobiológicos no campo da adicção, algumas hipóteses podem ser elaboradas e pesquisadas. Mas é importante sublinhar que os estudos recentes estão relacionados principalmente aos sujeitos masculinos, que representam de 70% a 80% dos usuários de pornografia. O equivalente feminino permanece, até hoje, no misterioso "continente obscuro" que, desde a época de Freud, ainda continua oculto. No entanto, a pornografia provocou um vasto debate em relação ao papel das mulheres, representadas como um objeto sexualmente passivo e explorado. Essas representações podem levar ao sadismo, à violência e à submissão. Os apelos antipornografia dos anos 1970 se reuniram ao redor da posição de A. Dworkin e deram lugar ao movimento neofeminista, que hoje na Europa é representado por M. Marzano, autora de dois livros sobre pornografia: *La Pornographie ou l'Épuisement du désir* (2003) (*Pornografia e a exaustão do desejo*) e *Malaise dans la sexualité: Le piège de la pornographie* (2006) (*Mal-estar na sexualidade: a armadilha da pornografia*). As dinâmicas psíquica e neurobiológica que sustentam os fenômenos das produções pornográficas amadoras e de sua distribuição ainda permanecem muito incertas. Desde o final dos anos 1990, com a expansão das redes sociais, selfies, gerações digitais, e o aumento do uso da internet, esses fenômenos são conhecidos globalmente como *neopornô* (Stella, 2011): uma realidade complexa e esquiva, um "aparecer para existir" – o futuro da pornografia.

Referências

Ahumada, J. L. (2016). Is the nature of psychoanalytic thinking and practice (e.g., in regard to sexuality) determined by extra-analytic, social and cultural developments? Insight under siege: psychoanalysis in the 'autistoid age'. *International Journal of Psycho-Analysis, 97*(3), 839-851.

Attwood, F. (2006). Sexed up: theorizing the sexualitaton of culture. *Sexualities, 9*(1), 77-94.

Baudrillard, J. (1979). *Seduction*. Palgrave Macmillan.

Berridge, K. C. (2007). The debate over dopamine's role in reward: the case for incentive salience. *Psychopharmacology, 191*, 391-431.

Biasin, E., Maina, G., & Zecca, F. (2011). *Il porno espanso: dal cinema ai nuovi media*. Sesto S. Mimesis.

Cooper, A., Delmonico, D. L., & Burg, R. (2000). Cybersex users, abusers, and compulsives: new findings and implications. *Sexual Addiction & Compulsivity: The Journal of Treatment and Prevention, 7*(1-2).

Cooper, A., Delmonico, D. L., Griffin-Shelley, E., & Mathy R. M. (2004). Online sexual activity: an examination of potentially problematic behaviors. *Sexual Addiction & Compulsivity: The Journal of Treatment and Prevention, 11*, 129-143.

Cooper, A. (2009). Sexuality and the internet: surfing into the new millennium. *Cyberpsychology & Behavior, 1*(2), 187-193.

Dines, G. (2010). *Pornland: how porn has hijacked our sexuality*. Beacon Press.

Doidge, N. (2008). *The brain that changes itself*. Penguin.

Dworkin, A. (1989). *Pornography: Men possessing Women*. Dutton.

Freud, S. (1910). A concepção psicanalítica da perturbação psicogênica da visão. In: S. Freud, *Cinco lições de psicanálise, Leonardo da Vinci e outros trabalhos*. In: *Edição standard das obras psicológicas completas de Sigmund Freud*. v. 11. Imago.

Freud, S. (1911). Formulações sobre os princípios do funcionamento mental. In: *Edição standard das obras psicológicas completas de Sigmund Freud*. v. 12. Imago.

Freud, S. (1920). *Alem do principio do prazer*. In: *Edição standard das obras psicológicas completas de Sigmund Freud*. v. 18. Imago.

Galatzer-Levy, R. M. (2012). Obscuring desire: a special pattern of male adolescent masturbation, internet pornography, and the flight from meaning. *Psychoanalytic Inquiry, 32*(5), 480-495.

Giddens, A. (1992). *The transformation of intimacy: sexuality, love and eroticism in modern societies*. SUP.

Janin, C. (2015, Outubro). Shame, hatred, and pornography: variations on an aspect of current times. *Int. J. Psycho-Anal., 6*, 1603-1614.

Kalman, T. P. (2008). Frontline: clinical encounters with internet pornography. *J. Amer. Acad. Psychoanal., 36*(4), 593-618.

Khan, M. M. R. (1979). *Alienation in perversion*. Karnac.

Laufer, M. (1976). The central masturbation fantasy, the final sexual organization, and adolescence. *Psychoanalytic Study of the Child, 31*, 297-316.

Love T., Laier, C., Brand, M., Hatch, L., & Hajela R. (2015). Neuroscience of Internet Pornography Addiction: A Review and Update. *Behav. Sci., 5*(3), 388-433.

Manual Diagnóstico e Estatístico de Transtornos Mentais (DSM-5). (2013). Recuperado de: http://www.institutopebioetica.com.br/documentos/manual-diagnostico-e-estatistico-de-transtornos-mentais-dsm-5.pdf.

Marzano, M. (2003). *Pornographie ou l'epuisment du désir*. Buchet Chastel.

Marzano, M. (2006). *Malaise dans la sexualitè: Le piège de la pornographie*. JC Lattes.

McNair, B. (1996). *Mediated sex: pornography and postmodern culture*. St. Martin's Press.

McNair, B. (2002). *Striptease culture: sex, media and the democratisation of desire*. Routledge.

Merciai, S. A., & Cannella, B., (2009). *La psicoanalisi nelle terre di confine*. Cortina.

Nestler, E. J. (2001). Molecular basis of long-term plasticity underlying addiction. *Nat. Rev. Neuroscience, 2*, 119-128.

Nestler, E. J. (2004). Molecular mechanisms of drug addiction. *Neuropharmacology, Suppl. 1*, 24-32.

Panksepp, J., & Biven, L. (2012). *The archaeology of the mind: neuroevolutionary origins of human emotions*. Norton.

Paul, R. A. (2016). Response to Ahumada text. Is the nature of psychoanalytic thinking and practice (e.g., in regard to sexuality) determined by extra-analytic, social cultural developments? Sexuality: biological fact or cultural developments? Sexuality: biological fact or cultural construction? The view from dual inheritance theory. *International Journal of Psycho-Analysis, 97*(3), 823-837.

Smith, C. (2010). Pornographication: a discourse for all seasons. *International Journal of Media and Cultural Politics, 6*(1), 103-108.

Solms, M., Zellner, M., Watts, D., & Panksepp, J. (2011). Affective neuroscientific and neuropsychoanalytic approaches to two intractable psychiatric problems: why depression feels so bad and what addicts really want. *Neuroscience and Biobehavioral Reviews*, 35.

Stella, R. (2011). *Eros, cybersex, neoporn*. Francoangeli.

Stoller, R. (1985). *Observing the erotic imagination*. Yale University Press.

Volkow, N. D. et al. (2007, Novembro). Dopamine in drug abuse and addiction: results of imaging studies and treatment implications. *Arch Neurol., 64*(11), 1575-1579.

Williams, L. (1999[1989]) *Hard Core: Power, Pleasure, and the 'Frenzy of the Visible'*. Berkeley: University of California Press.

Williams, L. (2004). Porn studies: proliferating pornographies on/scene: a introduction. In: L. Williams (ed.), *Porn studies Durham and London* (pp. 1-23). Duke University Press.

Wood, H. (2013). Internet pornography and paedophilia. *Psychoanal. Psychother., 27*(4), 319-338.

Woods, J. (2015). *Seeing and being seen: the psychodynamics of pornography through the lens of Winnicott's thought. In The Winnicott tradition*. Karnac.

Yovell, Y., Solms, M., & Fotopoulou, A. (2015). The case for neuropsychoanalysis: why a dialogue with neuroscience is necessary but not sufficient for psychoanalysis. *Int. J. of Psycho-anal., 96*, 1515-1553.

Zellner, M. R., Watt, D. F., Solms, M., & Panksepp, J. (2011). Affective neuroscientific and neuropsychoanalytic approaches to two intractable psychiatric problems: why depression feels so bad and what addicts really want. *Neuroscience and Biobehavioral Reviews, 35*, 2000-2008.

3. Adicção psicótica a videogames

David Rosenfeld

Primeiro contato

O primeiro contato da mãe de Lorenzo comigo foi pelo telefone: nós agendamos uma reunião e, quando eu lhe perguntei se seu filho estaria presente, ela respondeu que Lorenzo, de 17 anos, havia sido hospitalizado em uma clínica psiquiátrica depois de um episódio de violência. "Eles o diagnosticaram com esquizofrenia", especificou ela, que queria saber se o pai também devia ir, eu disse que sim, acrescentando que preferiria ver Lorenzo também na primeira entrevista em que os encontrassem no meu consultório. Eles se sentaram diante de mim: o garoto, à minha esquerda; o pai, um pouco mais para trás, um pouco distante, à minha direita; e a mãe, entre eles. Ela começou a me contar a história de Lorenzo: ele tinha muitos problemas em seus relacionamentos com pessoas, problemas comportamentais; ele era muito violento, acrescentou ela: "Nós o tiramos do hospital há um mês porque queríamos mudar o tratamento e o médico".

Lorenzo era um jovem de 17 anos, de altura média e de compleição magra, mas atlética, e tinha cabelo castanho-escuro. Ele andava de uma maneira estranha. Foi só depois de começar o tratamento que eu percebi que, algumas vezes, ele entrava no meu consultório na ponta dos pés, o que provocava um andar estranho. Os olhos de Lorenzo se moviam e flutuavam constantemente. Acho que ele era tenso e hipercinético, talvez devido à medicação psiquiátrica que estava recebendo. A mãe disse: "Lorenzo tem tido problemas de comunicação desde que tinha 12 ou 13 anos. Ele quase não tem amigos, mas se relaciona muito bem com suas duas irmãs, que são dois e quatro anos mais novas do que ele. Teve de repetir um ano na escola porque tem problemas para se concentrar nos estudos. Esses problemas vieram de jogar videogames dia e noite, durante o ano todo". O pai, que não era muito comunicativo, disse: "Lorenzo fica tão envolvido nesses jogos que é impossível fazê-lo parar". Eles explicaram que Lorenzo escolhia jogos muito violentos, com personagens que atacam e batem uns nos outros: os jogos são cheios de golpes, assassinatos e lutas de karatê. Eu perguntei a eles por que ele estava hospitalizado, e o pai disse: "Sim, sim, eu autorizei a hospitalização porque, uma noite, quando tentei fazê-lo parar, ele quebrou todos os móveis na casa". A mãe acrescentou: "No início da noite, tivemos discussões violentas; ele quebrou janelas, socou portas e armários. Uma vez, em um fliperama, Lorenzo não conseguiu bater em um personagem do vídeo que o estava atacando e não achou um modo de arrastá-lo da tela. Finalmente, ele quebrou a máquina e a janela do local, e tivemos de contê-lo com a ajuda de outras pessoas. Os donos da loja queriam chamar a polícia". O pai acrescentou: "Um menino com tantos problemas de aprendizagem e tanta violência é incurável; deve ser genético".

Eu tentei falar com o garoto, mas ele não conseguia fixar o olhar em nada. Ele me lembrava uma criança assustada, aterrorizada; o tipo de imagem que podemos às vezes observar em bebês durante seu primeiro ano de vida. Eu perguntei a ele o que acontecia nos videogames, o que ele sentia e se eles o deixavam excitado. O paciente ficou furioso, levantou e gritou comigo: "Este psicanalista está louco! Vejam o que ele está me dizendo. Ele está falando sobre sexo. Ele está louco, louco!" Minha intervenção provocou essa reação: o paciente ficou em pé e reagiu com muita violência. Eu lhe perguntei o que ele podia me contar sobre sua hospitalização, e ele respondeu: "Estou bravo com você, não confio nem um pouco em você! Você é louco!" Nesse ponto, eu me lembrei de que é muito comum que pacientes psicóticos passem por uma poderosa identificação projetiva de sua loucura no terapeuta e fiquem furiosos ao acreditarem que, quando fala, o terapeuta está devolvendo a eles sua própria loucura. É sua própria loucura, projetada na mente do terapeuta, que cria a ansiedade. Lorenzo me contou uma versão de sua hospitalização: "Eu estava jogando videogame em um fliperama, e eles queriam que eu saísse. Eu gritei porque eles não tinham o direito de me fazer sair. Eu não tinha terminado de jogar. Eu não tinha vencido nem perdido. E aí, eles me tiraram de lá, me levaram para a clínica e não me deixaram jogar mais". Eu perguntei de novo se não tinham deixado que ele jogasse de novo, e Lorenzo respondeu: "Os psiquiatras confiscaram a máquina de videogame que eu tenho em casa e me proibiram de chegar perto de qualquer videogame". Os pais explicaram que essa era uma ordem estrita do psiquiatra.

Dali em diante, percebi que todos os personagens do mundo interno de Lorenzo estavam presentes na tela, mas eles eram projetados em um palco externo em que ele podia matá-los, ou eles podiam persegui-lo. Então, eu lhe disse que não o proibiria de jogar seus videogames e que, ainda mais, eu queria jogar com ele para entendê-lo melhor e que, quando ele ficasse um pouco melhor, nós iríamos juntos a um fliperama. Essas foram aparentemente as palavras-chave para entrar no mundo privado do paciente, porque ele disse: "Este médico é louco, mas eu aceito o tratamento dele porque, pelo menos, ele promete jogar videogame comigo". Depois de uma semana de entrevistas diárias, eu achei que ele não precisava ser hospitalizado por uma segunda vez, e nós começamos a trabalhar com a minha equipe, em que um psiquiatra está encarregado da medicação. A família de Lorenzo mora em uma cidade a algumas horas de Buenos Aires, e, assim, combinamos uma agenda de sessões, e eles decidiram que ficariam na casa da avó de Lorenzo, que mora perto do meu consultório, quando tivessem de estar em Buenos Aires. Lorenzo ficou na casa da avó durante os primeiros quatro meses de tratamento e teve quatro sessões em cada semana.

Durante os primeiros meses, ele me ligava constantemente, gritando e chorando. Quando ele retornou à escola, depois de quatro meses de tratamento, era frequente que ele me ligasse muito angustiado, antes de sair de casa para ir ao colégio. Três anos depois, o paciente ainda ligava de vez em quando para expressar suas ansiedades, mas com muito menos frequência. Conforme o tratamento de Lorenzo continuou através dos anos, eu gradualmente descobri como, em sua busca por sentimentos físicos e sensações corporais, Lorenzo foi atraído pelas luzes, cores e sons dos videogames. Observei que ele realizava movimentos repetitivos com o corpo, não podia focalizar seus olhos, girava ao caminhar, batia ritualmente os calcanhares quando chegava no meu consultório na ponta dos pés ou lavava as mãos no início das sessões. Em outras palavras, descobrimos nas experiências primitivas de Lorenzo mecanismos obsessivos e movimentos similares a enclaves ou encapsulamentos autistas do início da infância, que eu julguei relacionados à grave depressão sofrida por sua mãe antes do nascimento dele.

Violência e ilusões

Agora eu devo relatar alguns exemplos de violência com ilusões e uma transferência psicótica durante o primeiro ano de tratamento. Com muita frequência, Lorenzo começava as sessões com rituais obsessivos, como juntar os pés, bater os calcanhares e entrar na sala com o pé direito, pular duas vezes, lavar as mãos antes de entrar, andar de um lado para o outro do meu consultório. Desde a primeira sessão, esses movimentos e giros me lembraram do que vemos em crianças autistas, o que me fez pensar em aspectos autistas encapsulados. A violência verbal era contínua no início das sessões, especialmente porque, de acordo com ele, o terapeuta poderia feri-lo. Ele também exibia violência verbal em casa e, algumas vezes, dizia que não queria vir para sua sessão. A mãe dele muitas vezes me ajudou a fazê-lo mudar de ideia e trazê-lo para o consultório; ela o acompanhava a todas as sessões.

Por meio de Lorenzo, eu comecei a conhecer os personagens e os aspectos dos videogames que o consumiam. Na verdade, era clinicamente vital que eu soubesse o que acontecia com o paciente enquanto ele jogava; então decidi ir com ele a um fliperama e conhecer os personagens com que ele jogava e aqueles que ele identificava comigo e com o psiquiatra na minha equipe. O paciente projetava meus atributos em alguns desses personagens. Ele queria jogar um videogame chamada *Street Killer* e outro chamado *Street Fighter*, ambos extremamente violentos: você tem de matar os personagens com uma espada, cortar as gargantas deles ou atingi-los muito agressivamente. Quando jogava comigo, Lorenzo ganhava a maioria das vezes e experimentava seu triunfo de maneira onipotente. Mas, depois de ganhar nos jogos, ele vinha aterrorizado para a sessão porque havia vencido, como se tivesse me matado e cortado minha garganta. O mesmo tema era projetado em muitos objetos externos; ele tinha medo de vingança, de ser caçado por um colega de escola ou por alguém na rua, e tinha até mesmo medo de que eu me transformasse em alguém perigoso que estraçalharia sua cabeça e o enlouqueceria. Ele confundia as pessoas na tela da TV com as pessoas reais, externas, e isso aconteceu em relação a mim. Esse foi um exemplo dramático de uma equação simbólica. O terror que ele sentia com o que eu poderia fazer a ele depois de ele me vencer nos videogames gerava em Lorenzo fantasias delirantes que muitas vezes, eram extremamente difíceis de administrar na transferência. Nesses casos, a técnica psicanalítica requeria relacionar os medos delirantes da transferência ao fato de ele pensar que tinha me matado quando eu estava representando um dos personagens em um videogame. Minha contratransferência era difícil de transmitir em apenas algumas palavras, especialmente tendo em vista as longas horas em que eu era o destinatário de sua raiva e seus ataques de birra sempre que o jogo não correspondia aos seus desejos, isso para não falar da dificuldade que tive para entrar no desconhecido (para mim) mundo dos videogames e de seus personagens com nomes misteriosos. Esse foi um enorme exercício em contenção e *holding*. Eu também fui obrigado a aprender as características e os nomes de todos os personagens do jogo. A tarefa importante era trazer o que anteriormente era projetado no objeto inanimado, a tela de videogame ou do computador, para a relação transferencial com o terapeuta e representá-lo. Minha tarefa mais importante era afastá-lo da tela e conectá-lo com o ser humano vivo e real que eu sou. Muitas vezes era possível ver os pensamentos de Lorenzo se concretizando: não havia então nenhuma diferença entre o símbolo e o simbolizado. A palavra "demolir" reflete o medo do garoto daquilo que eu faria com ele durante nossa sessão, e exatamente o que ele fazia com o personagem no videogame: ele demolia a cabeça do personagem com uma espada ou um golpe de karatê.

Uma vinheta clínica: primeiro ano de tratamento

Um dia, nós jogamos um videogame especialmente brutal, no qual os personagens lutavam com raios laser. Uma semana depois, o paciente começou a ter medo de perseguição. Ele pensava que seus colegas de escola iriam feri-lo e entrou em franco delírio, com medo de que eles o atacassem com um raio laser. Ele se recusava a sair na rua a não ser que pudesse usar uma roupa de proteção contra raios laser. A mãe tentou acalmá-lo e o fez vestir uma roupa de papel-alumínio. Lorenzo disse que se sentia protegido contra os raios laser. Esse delírio se ampliou e se desenvolveu a ponto de, por alguns dias, Lorenzo nem ir à escola. O psiquiatra aumentou e modificou a medicação antipsicótica. Nós pensamos na possibilidade de hospitalização, mas decidimos esperar uma semana porque eu estava interessado em ver a origem transferencial que havia desencadeado o delírio (foi desse modo que eu tentei raciocinar como psicanalista). Ele veio a sessões todos os dias e teve até mesmo duas sessões em um dia, inclusive no fim de semana. Lorenzo veio vestido com sua roupa de proteção e disse que queria jogar de novo o mesmo jogo que havíamos jogado da outra vez. Eu aceitei com relutância, mas também com muita curiosidade. Depois da segunda sessão do dia e de ele tirar a roupa de papel-alumínio, nós jogamos o videogame do raio laser. Lorenzo ganhou o primeiro jogo, eu ganhei o segundo e, quando íamos começar um terceiro, ele me disse: "Dr. Rosenfeld, quando você ganha, você pode se transformar e se tornar outros personagens e, assim, se eu matar você agora, você ainda ficará vivo e transformado em outro personagem". Eu fui transformado em alguém projetado em múltiplos e variados personagens e, mesmo que ele me mate, eu ainda sou perigoso, pois continuo vivendo por meio dos outros personagens no videogame. Eu sou um objeto mutável que se transforma em outros objetos, e eles ainda o perseguem com raios laser. Essa é uma equação simbólica e um distúrbio da percepção e da diferenciação da realidade externa da interna. Foi só nesse ponto, depois de eu me conscientizar desse aspecto do videogame, que eu pude decifrar e trabalhar psicanaliticamente sobre a origem de seu delírio de estar sendo atacado com raios laser. Eu tinha me metamorfoseado e me fragmentado em seus diversos colegas de escola e, a partir dali, eu o estava atacando com raios laser. Essa descrição de que eu era ressuscitado e estava me transformando em muitos outros personagens era a chave, o código, a "Pedra de Roseta", que me permitiu acessar o delírio em que os diferentes e múltiplos personagens da vida real haviam se tornado aspectos fragmentados de Rosenfeld, o analista de Lorenzo. Nós saímos da tela e entramos na vida real. Com essa base, eu interpretei que, quando ganhei no jogo, meu personagem se tornou um mutante e passou a ser todos os outros personagens no videogame. Mas, como o paciente confundia vida real com fantasia, Rosenfeld se tornou um personagem que se fragmenta e pode se transformar em qualquer um de seus colegas que o intimidam. O paciente pensava que eu o perseguia não só por meio dos personagens na tela, mas também por meio de centenas de pessoas no mundo real. Sua necessidade da roupa de papel-alumínio é um aspecto da concretização psicótica que, quando aparente na transferência, ilustra como o paciente desloca sobre o palco do mundo externo real seus sentimentos e suas experiências com seu psicanalista. Depois de interpretar na transferência a origem do delírio, e depois de um trabalho intenso, eu consegui resolver o que parecia ser uma psicose clínica com episódios delirantes.

Um mês depois, Lorenzo quis experimentar um videogame de realidade virtual em três dimensões (3D). O psiquiatra e eu fomos com ele, e escolhemos um jogo que representava uma batalha entre aviões. Enquanto jogava, o paciente sofreu um ataque de pânico quando viu os objetos voando na sua direção, sentindo-se dominado pelo efeito 3D. Acredito que, nesse ponto, ele sentiu mais agudamente do que nunca o medo de que uma perseguição vingativa pudesse atacar sua mente. Em um frenesi de pânico, ele saiu correndo do local e se recusou a jogar videogames 3D novamente. Esse evento foi crucial porque, com esse jogo, o paciente descobriu que um plano bidimensional não é igual a um espaço com profundidade e três dimensões. Isso coincidiu com sua descoberta de que a imagem viva de Rosenfeld não é igual à imagem dos personagens e objetos em uma tela plana de TV. Acho que seus aspectos autistas encapsulados experimentaram um tipo de evolução da percepção de um espaço bidimensional para um tridimensional.

Essa experiência com a terceira dimensão no novo videogame indicou uma mudança estrutural na mente de Lorenzo: ela não era mais uma tela plana. Estávamos começando a deixar o plano bidimensional e a chegar à pessoa real. Eu me lembro de que, depois desse videogame, nós fomos encontrar o psiquiatra. Tentamos acalmar o pânico de Lorenzo em uma cafeteria próxima, onde tomamos chá e só depois pedimos que nos explicasse detalhadamente o que ele havia sentido quando os aviões estavam indo na direção dele em três dimensões. Durante uma de suas sessões posteriores, o paciente expressou o medo de fracassar em duas matérias na escola, e eu interpretei que ele acreditava que havia um objeto interno dentro de seu próprio eu que o atacava, abusava dele ou lhe disse que, se ele fracassasse em uma matéria ou em um exame, seria porque estava doente. Então, eu tentei levar isso para a transferência e lhe disse que, muitas vezes, ele experimentava a mesma coisa comigo. Pedi que ele lesse para mim o trabalho que havia escrito para a aula de francês: era a história, que ele havia criado sozinho, de um turista que vai a Paris, e estava muito bem escrita. Acho que ele precisava que eu retornasse a ele seus aspectos saudáveis e valiosos, que ele havia afastado e depositado em mim. Eu estava ciente desse mecanismo e, assim, interpretei primeiro o mecanismo da projeção e só depois expressei a ele minha surpresa com o trabalho, que me havia feito pensar que ele podia ter copiado.

Certa vez, ao observar um musical na TV com os pais e irmãos, apareceu uma cena de violência, e o paciente se levantou e gritou: "Temos de parar essa luta"; pulou sobre o aparelho de TV e quebrou a tela com a cabeça. Esse talvez seja o exemplo mais significativo e dramático de como ele queria parar as lutas que aconteciam em sua mente entre seus objetos internos e, ao mesmo tempo, literalmente parar a parte que estava projetada na tela de TV. Não creio que eu pudesse encontrar um exemplo melhor de uma equação simbólica, na qual a mente é igualada ao objeto inanimado, neste caso o aparelho de TV. Ele (1994) fez contribuições úteis em relação ao interjogo de fantasia e realidade por meio de sua distinção entre símbolo e equação simbólica (na qual fantasia e realidade são combinadas). Segal postula que os primeiros processos de desenvolvimento simbólico e suas variáveis patológicas são analisáveis se entendermos o relacionamento paciente-analista, pois isso oferece a chance de explorar e analisar a influência de fantasia e realidade sobre a percepção e o comportamento do paciente para com o analista. Essas ideias oferecidas por Segal são extremamente importantes para o trabalho clínico e para a técnica porque, algumas vezes, o analista deve decodificar e descrever quem ele próprio é, como psicanalista: um indivíduo, uma fantasia ou uma equação simbólica. As ideias de Segal me permitiram revisar meu estudo e entendimento da contratransferência.

Nintendo versus *Sega – colaboração e transição*

Nintendo *versus* Sega

Como parte do tratamento, nós costumávamos ir a um fliperama, onde eu podia analisar e estudar os personagens nos jogos favoritos dele. Eu usava a hora para jogar como se fosse a análise de uma criança, mas com brinquedos modernos: os videogames. Fiquei conhecendo os personagens e penetrei no mundo interno dele. Lorenzo recebeu de volta seu pequeno videogame, que havia sido confiscado por recomendação de seu terapeuta anterior, e surgiu um novo problema: os jogos da Sega e da Nintendo não são compatíveis. O paciente falou sobre os problemas que tinha quando tentava conectar os jogos ao dispositivo que tinha em casa. Eu interpretei os problemas que ele teve para se "conectar", para se conectar comigo, e a dificuldade que existia em encontrar um sistema pelo qual nós pudéssemos ter um diálogo, com duas mentes diferentes, como a Sega e a Nintendo.

Colaboração e transição

Durante uma sessão, Lorenzo relatou que tinha jogado com um videogame, mas essa foi a primeira vez que o paciente escolheu um jogo sem decapitações, sem golpes de karatê, sem sabre e sem cortes com espadas. Ele disse que escolheu esse jogo "porque tem um macaco que tem de saltar sobre um rio para salvar sua vida, e o macaco encontra um sapo gigante, tão grande como a mesa neste consultório. O sapo diz ao macaco para subir nas costas dele, e ele salta para a outra margem. Então, surge outro animal, que dá ao macaco uma banana para comer". O paciente disse que tinha ido dormir cedo, mas tinha pensado sobre esse jogo durante horas. Eu interpretei que essa era a primeira vez que ele jogava um videogame em que havia colaboração e ajuda em vez de lutas, golpes e assassinatos. "No jogo que você escolheu, eles se reuniram para ajudar alguém", e continuei: "o que você viu no jogo é como o que acontece comigo na sessão. Eu apoio você, como o sapo; eu ajudo você a saltar e cruzar o rio. Eu carrego você nas minhas costas e lhe dou alimento mental, que no seu jogo é a banana". Nessa sessão, tivemos uma boa comunicação, a tal ponto que em certo momento ele deitou no divã como se ele fosse um grande sapo que o apoiava. Essa foi a primeira vez em que ele usou o divã. Anteriormente, ele ficava em pé ou andava pelo consultório. Durante as sessões seguintes, Lorenzo mais uma vez trouxe o sapo e comentários sobre as minhas interpretações e sobre como seu terapeuta e o divã lhe davam suporte. Ele raramente mostrava bom humor, mas, um dia, começou a brincar, rir e imitar o macaco, dizendo: "Eu sou o macaco e você é um sapo".

De tempos em tempos, o pai e a mãe se encontravam com o psiquiatra Martini, 1995 (Cancrini e Pelli, 1995). O paciente disse que essas entrevistas lembravam o jogo com o macaco e o sapo. Eu expliquei que isso acontecia porque éramos as duas pessoas que o ajudavam: o psiquiatra e eu. "Você nunca viu duas pessoas se unindo para ajudá-lo. Na maior parte do tempo, você fala de discussões e brigas". Nesse ponto, o paciente lembrou: "No meu aniversário, minha mãe fez comida chinesa em uma grande panela e, logo antes de cortar o bolo, minha mãe e meu pai começaram a se insultar porque ela disse que ele não ajudava na limpeza nem pagava pelo meu tratamento nem fez o jantar no meu aniversário. Eles acabaram jogando a panela na cabeça um do outro". Eu interpretei: "Você percebe que qualquer menino pode ficar louco com brigas como essa, especialmente se for no aniversário dele". Acho que o mundo externo real tem um impacto e intensifica o distúrbio na mente do Lorenzo. Ele sobreviveu às brigas dos pais ao projetá-los na tela dos videogames e, assim, deslocava de sua mente coisas que aconteciam com objetos reais: ele esvaziava a cabeça dos acontecimentos reais em sua casa. Na minha opinião, o nível de violência que meu paciente vivia em casa era elevado e muito perturbador para ele. Portanto, indiquei aos pais que eles precisavam ter entrevistas regulares com o psiquiatra, o que se mostrou útil, porque a família decidiu ficar na cidade por alguns dias (Izzo, 2000). Essa foi a primeira vez que o paciente saiu com o pai, que o levou ao cinema e a um passeio pela cidade.

Lorenzo conseguiu expressar ódio e raiva

Lorenzo começou a temer que fosse hospitalizado de novo e se lembrou da primeira vez em que isso aconteceu, na época do Natal. "Aqueles que me mandaram para o hospital devem ter sido judeus ou ateus porque não se importavam", disse ele. Por volta dessa época, Lorenzo relatou coisas que seu pai havia dito, que o confundiram (eu devo admitir que também me senti confuso): "Meu pai diz que se eu me casar terei de passar pelo que ele está enfrentando: ele vai se separar da minha mãe". Lorenzo estava pulando e correndo pelo consultório, quando gritou: "Por que foi que ele me teve se agora ele não está interessado nesse casamento? Eu podia matá-lo, eu podia matá-lo, eu podia matá-lo!" Eu interpretei que ele faz isso nos videogames: projeta o ódio que sente do pai sobre os personagens na tela. Eu destaquei que essa era a primeira vez que ele conseguiu gritar o ódio pelo pai, exprimindo que deseja matá-lo. "Antes, tudo isso era secreto, e foi evacuado da sua mente para a tela de TV. É muito importante que você odeie e tenha fantasias de matar, e isso não quer dizer que você realmente vá matá-lo". Lorenzo continuou a gritar e a correr pelo consultório, e eu repeti as palavras para ter certeza de que ele as ouvira.

Colaboração

Vários meses depois, imediatamente antes de eu ter de sair da cidade por dez dias, Lorenzo pareceu estar sereno no início de sua sessão, e depois disse: "Minha mãe quebrou um *transformer*, e eu não sei se pode ser consertado; eu não sei se o técnico pode fazer as conexões corretas... Não sei se vou conseguir recuperar as aulas que perdi na escola, talvez eles me façam passar por um teste sobre ambiente e saúde... Pensei que você ia ficar chateado porque eu me atrasei um pouco hoje". Comentei que talvez ele estivesse com medo dos substitutos (um psicólogo e um psiquiatra) que ficariam no meu lugar durante a minha ausência. Lorenzo se perguntou se as conexões humanas podiam ser substituídas e ser ainda boas, e interpretei: "Você acha que sua comunicação comigo vai se quebrar, e você não sabe se o que você chamou hoje de um '*transformer* quebrado' pode ser consertado". Depois de ficar silencioso, ele disse que tinha alugado alguns filmes que planejava assistir com a avó. Eu lembrei a ele que, há algum tempo, ele só alugava videogames violentos, cheios de monstros, nos quais não havia seres humanos.

Desenhos, cartas e sonhos – início de simbolização

Fase de desenhos

Durante essa fase, Lorenzo me pediu um bloco de papel durante nossa sessão e começou a desenhar mulheres lindas e esbeltas. Os homens, por outro lado, eram esboçados em preto, de modo muito esquemático, e isso me levou a pensar que ele estava desenhando algo a respeito de seus problemas de identidade e de sua imagem corporal (em parte, masculina, e, em parte, feminina). Foi curioso ver como, depois de alguns dias, o funcionamento dele flutuava entre as partes psicóticas e neuróticas de sua personalidade. Lorenzo morava longe da cidade e, por isso, algumas vezes nós concentrávamos quatro sessões perto do fim de semana. Na semana anterior à minha viagem, Lorenzo fantasiou que ele tinha um orifício entre seu ânus e seus testículos. Uma fantasia sobre a ausência do terapeuta apareceu como um buraco em seu corpo, ou como um vazio em suas relações de objeto, e, em um nível diferente, isso poderia representar uma operação que ele sofreu nos testículos quando tinha 11 anos, e talvez também representar o vazio deixado pela morte de seu avô. Ausência, vazio, morte, perda da masculinidade: estão todos misturados ou igualados na fantasia do buraco. Isso também poderia ter representado uma identidade sexual confusa, em parte, masculina, em parte, feminina (possivelmente porque a mãe dele tantas vezes o havia transformado em uma parte do corpo e da mente dela).

Freud (1914a, 1914b) e Quinodoz (1989) afirmam que, em pacientes transexuais que passaram por cirurgia, o mais frequente é que a mãe, por meio de sua fantasia, determine a identidade de gênero de seu filho. Volkan (1995) diz que a percepção que a mãe inculca em seu filho é o núcleo do "núcleo infantil do 'eu'", a partir do qual o desenvolvimento futuro do "eu" vai evoluir. Ainda segundo o autor, sua futura confusão de identidade de gênero poderia ser vista nas fantasias sobre ele, que ela depositou na autorrepresentação, onde permaneceu em parte psicótica.

Fase de cartas

O paciente continuou a ter crises de pânico e de gritos, especialmente antes de ir para a escola. Quando estava nesse estado, muitas vezes ele me telefonava. O terror e a violência aumentaram mais para o final do ano escolar: ele derrubou as portas de sua casa, tinha medo de cair e acreditava que os professores e os colegas eram todos seus inimigos. No decorrer desses meses, a transferência foi caracterizada pela violência contra mim, com reivindicações e acusações: "Por que ele não me cura? Você quer me hipnotizar!" Essa violência contra mim me provocou intensos sentimentos de contratransferência. No entanto, o manuseio técnico da contratransferência sempre foi útil. A violência agora acontecia com a pessoa humana e não com uma tela não humana. Também estavam acontecendo outras mudanças que mereciam ser levadas em conta: em vez de brincar de matar por meio dos personagens dos videogames, ele começou a escrever longas cartas, que, depois, levava para o consultório.

A carta com tinta vermelha

O paciente trouxe uma folha grande, sem linhas, de papelão verde, na qual havia escrito em tinta vermelha a seguinte lista: "Pessoas que eu devo matar: colegas de escola que acham que eu sou um idiota e riem de mim; Caroline, por causa da eterna decepção de amor; professores que querem que eu fracasse; o professor que me deu uma nota baixa; matar a escola por tudo que não tem lá e os professores que me acham burro. Matar casais e apaixonados porque eles me mostram o que eu nunca vou ter. Matar Rosenfeld por não estar comigo quando eu mais preciso dele e por me abandonar no fim de cada sessão e por colocar um limite de tempo em cada sessão em vez de estar comigo quando preciso dele. Também quero matá-lo por pegar dinheiro da minha mãe em cada sessão que eu tenho... O time de futebol do Brasil por ganhar da Argentina... Meu pai, por me fazer perder todas as ilusões na minha vida e por falar comigo de jeito frio e brusco e me dizer que vai me internar e só vai me visitar uma vez a cada seis meses". Ele leu para mim:

"Esse Doutor Rosenfeld é um filho da mãe. Tudo o que ele faz é desvalorizar meu pai na minha frente e me desvalorizar na frente do meu pai; ele quer mesmo acabar comigo e me perturba por eu me masturbar e bater punheta enquanto olho as mulheres na TV". Quando terminou de ler, ele rasgou a página. O paciente conseguiu transmitir uma mensagem verbalmente, ler e ser ouvido. Esse foi o início da simbolização, e foi uma grande mudança dos anos anteriores, quando ele passava as noites matando personagens em videogames violentos. Nós vimos o surgimento de níveis edipianos, misturados com níveis pré-genitais, mas agora o paciente os expressava durante a sessão em um espaço limitado, mas não mais na tela plana, bidimensional de seus videogames.

Sonhos

Durante o terceiro ano de tratamento, Lorenzo começou a se lembrar dos sonhos e a trazê-los a nossas sessões. Essa fase também foi caracterizada por maior erotização, com fantasias sexuais e mais masturbação. No início, as imagens nos sonhos ou na imaginação dele se pareciam com as das histórias em quadrinhos em que as mulheres são desenhadas como criaturas exuberantes, eróticas e sensuais. Algumas vezes, a enorme excitação sexual que o paciente sentia era experimentada como um instinto que o estava enlouquecendo. A incapacidade de conter ansiedades primitivas e excitação intensa reflete o mesmo problema, talvez porque elas se baseiem no espaço mental do eu, que algumas vezes não é apropriado para conter instintos e ansiedades (Freud, 1914a, 1914b). Afeto e proximidade desencadeavam o medo de não ser um homem e o medo da homossexualidade.

O sonho com "L"

Lorenzo se sentiu contido por mim nesse dia e, na sessão seguinte, relatou um sonho: "Eu me vejo como uma mulher e procurei um nome como o meu, com um 'L', como Lorenzo, e foi 'Lenora'. Não sei se tenho ou não um pênis", acrescentou ele. Interpretei o medo dele de perder sua identidade sexual como homem; ele temia que, se recebesse afeição ou se fosse cuidado pelo terapeuta (que é um homem), ele seria homossexual, ou se transformaria em mulher. Acrescentei que ele pensa que esse é o único modo em que ele pode ser aceito, amado por mim. Lorenzo acreditava que para ser amado pelo pai ele tinha de ser uma mulher, como suas irmãs, porque elas eram as favoritas do pai. Lorenzo respondeu à interpretação com um comentário sexual: "Carol, minha colega de escola, me excita".

Alguns sonhos relacionados com insight

Quando o paciente veio para a próxima sessão, estava apressado, mas não assustado. Ele se lembrou mais uma vez de que seus pais tinham brigado na mesa do jantar e jogado panelas um no outro. Depois, disse que tinha um sonho: "Eu estava com um adulto, eu devia ter uns 12 anos. O adulto poderia ser um tio ou um avô. Era de noite, e nós estávamos passando por um lugar com todos os tipos de gangues e criminosos. Um trem chegou, e vinha do lugar em que meu avô mora. Meu tio e eu tivemos de lutar contra todas elas" (quando falou "elas", ele usou o pronome feminino *ellas*, em espanhol). Na minha contratransferência, pensei que "elas" (*ellas*) poderiam ser as gangues como um ato falho feminino, mas também poderia ser uma mudança de sexo, como nos personagens de videogame. Nessa hora, pensei que Lorenzo tentava sobreviver às lutas e aos gritos reais de seus pais, tentando protegê-los e esvaziar sua mente deles, ou em um videogame ou em um sonho. O paciente continuou sua narrativa: "Aí, eu estava com meu tio e matei a mulher, a grande, e a joguei nos trilhos do trem: o golpe quando ela caiu nos trilhos a matou. Então, eu sugeri matar a jovem. Mais tarde, apareceu uma mulher velha, como uma feiticeira ou uma enfermeira magra, ossuda e feia. Ela estava com uma jovem da minha idade que era tão má quanto ela". Eu lhe pedi que explicasse por que havia tantas mulheres, e exatamente quem estava com quem, e ele explicou: "Pela expressão no rosto delas, acho que todas queriam me perder, elas queriam me atacar, elas se defenderam bem, mas estávamos em um beco sem saída. Eu não podia fazer nada a elas, e elas não podiam fazer nada comigo. Depois, eu percebi que gostava da jovem". Um pouco atrapalhado pela confusão dos personagens, eu lhe perguntei de qual jovem ele estava falando, e ele respondeu: "Eu a vejo com cabelo loiro longo, meio liso, mas com alguns cachos, pele clara; e depois eu pensei que essa garota não valia a pena, mas ainda a forcei a estar comigo naquela noite. Eu abracei a cintura dela, e nós andamos como se fôssemos um casal. Depois, o adulto no sonho mudou para o meu avô e me disse 'agora todos nós estamos bem'. Meu avô nos seguiu e cuidou de nós".

> Dr. R: Fale sobre o seu avô.
> Paciente: Acho que eu tinha 11 anos. Ah, ele me amava muito, e eu o amava também.
> Dr. R: Esse é o primeiro sonho em que você recupera seu avô, que o amava tanto. No seu sonho, ele o protege dos medos, e você o recupera, esse personagem que foi tão importante quando você era criança, em um momento em que você se sente protegido por mim de seus pesadelos e seus monstros internos que o perseguem dentro de você.

A sessão terminou em silêncio, o que era incomum para ele, mas eu senti que ele estava no processo de recuperar seus objetos internos.

Fase de *insight* e dependência infantil

Em outra sessão, Lorenzo trouxe uma carta e a leu para mim:

> Ok, doutor, eu sei que durante as sessões eu devo responder por mim mesmo, e não pela cabeça de outra pessoa... a) Sinto muitos tipos de ódios, mas fico pensando por que todos os meus ódios devem ser dirigidos para você; b) Os videogames representam a minha mente; c) Os rituais que eu faço têm o objetivo de limpar os meus ódios; d) Eu tenho medo de que você faça alguma coisa comigo em retaliação por meu ódio de você.

O ponto seguinte na carta dele é extremamente importante, e eu cito literalmente: "O desenvolvimento da minha mente depende do videogame, mas só em parte. Eu tenho o direito absoluto de atacar você, se você se comportar como um idiota". Devemos nos lembrar de que uma vez ele tentou mostrar como queria me atacar, o que ele chamava de "se defender", e, enquanto andava pelo meu consultório, agarrou minha cabeça e meu pescoço por trás para me mostrar o que faria comigo. Admito que fiquei assustado.

Ele tinha entendido as interpretações que indicavam que os personagens lutando e matando uns aos outros nos videogames, que o fascinavam tanto, já estavam dentro de sua mente desde que ele era um menininho; seus pais lutavam, massacrando-se mutuamente em um coito sádico, com ele no meio, em um aterrorizante videogame mental. Na mesma carta, alguns fragmentos refletem seus aspectos infantis, precisando de ajuda, mais claramente do que nunca antes, quando ele escreveu: "Conheço um menino que, se você for mesmo bom, realmente precisa de você porque ele leva uma vida miserável, ele não consegue encontrar paz dentro de si mesmo".

Identificação projetiva

O paciente dependente de videogames esvaziava sua mente no espaço imaginário representado pela tela e projetava nela os personagens de seu mundo interior; ele era como uma luva, que era virada do avesso e esvaziava seu conteúdo sobre a tela. Os personagens nos videogames – imaginários na tela, mas com alguma correspondência com pessoas da infância do paciente – tornavam-se reais para ele e perseguiam-no com vingança implacável. O paciente exercia um poder onipotente sobre esses personagens, por meio de poderosos mecanismos obsessivos, mas temia que eles o tratassem como ele tratava os personagens nos jogos.

Equação simbólica

O mundo real exterior também é projetado na tela do videogame. Para explicar esse tipo de funcionamento, eu uso o modelo teórico descrito por Segal (1994), que acho útil para explicar as diferenças entre um símbolo e uma equação simbólica. Segal insiste naquilo que acredito ser crucial para nosso trabalho com pacientes gravemente perturbados: os primeiros processos de simbolização, bem como as alterações ou distorções patológicas a que o símbolo é submetido, podem ser analisados e entendidos porque vêm à superfície no relacionamento paciente-analista. É aqui que nós, analistas, temos a oportunidade única de analisar a influência da fantasia sobre a realidade e como ela apoia as percepções do paciente.

Transferência e interpretações

Ao esvaziar sua mente por meio da identificação projetiva, esse paciente suscita estados de confusão. Eu postulo que Lorenzo não podia renunciar a seus videogames porque precisava evacuar no mundo externo – um mundo não humano – a violência, o ódio, o assassinato e o sexo brutal que ocupavam suas fantasias. Assim, até não ter sucesso em matar os personagens que o perseguem e que ele odeia, ele não pode abandonar o videogame nem a tela. Com relação à transferência e à técnica, usamos o conceito de transferência psicótica, também chamada de delírio ou transferência regressiva ou primitiva, para descrever um tipo de transferência que tem características emocionais extremamente intensas, primitivas e indiferenciadas, baseadas em objetos parciais (Rosenfeld, 1992).

Sensações autistas

Nós descrevemos alguns comportamentos de nosso paciente, Lorenzo, que também observamos no tratamento de crianças autistas. Um exemplo é a entrada dele no meu consultório nas pontas dos pés; para ser preciso, nas pontas dos dedões. Outra atividade era seu girar sem parar, que é típico do movimento repetitivo das crianças autistas. Outro comportamento foi sua busca repetitiva de estímulos sensoriais, torcendo os dedos e as mãos e esfregando as mãos uma na outra vigorosamente. Acho que a manobra autista mais intimamente ligada a sua adicção a videogames e o computador era sua tentativa similar a comportamentos autistas de buscar estímulos sensoriais por meio das luzes brilhantes e cores nas telas dos monitores, os ruídos altos dos jogos e as vibrações que ele sentia em seu corpo. Esse é outro modo de buscar, como Tustin define, "sensações corporais".

Comentários finais e resumo

Neste Capítulo, apresentamos o material clínico de um jovem adicto a videogames e a jogos de computador. Apresentamos material clínico, inclusive sonhos. Oferecemos hipóteses sobre os mecanismos empregados por esse paciente e acreditamos que essas hipóteses podem ser úteis para compreender outros pacientes com psicopatologia similar. Nós descrevemos os mecanismos da identificação projetiva, equação simbólica, defesas ou mecanismos confusionais e mecanismos autistas. Nessas conclusões finais e resumo, eu gostaria de expandir o conceito de mecanismos autistas e, em especial, o encapsulamento dos aspectos autistas, que pode ocorrer em um paciente que, ao mesmo tempo, funciona de uma maneira razoavelmente adaptada à realidade com a outra parte de seu eu neurótico. Ao realizar um estudo em profundidade dos mecanismos usados por esse paciente, nós encontraríamos diferentes mecanismos, conforme já mencionei. Mas eu gostaria de enfatizar as áreas autistas encapsuladas porque parte do material parece indicar os mecanismos do encapsulamento autista. No modelo de encapsulamento, existe uma proteção ou identificações precoces que, mais tarde, mostraram estar bastante preservadas nesse paciente. Como um modelo explanatório, eu gostaria de sugerir que existe um interjogo dialético entre todos os sistemas: um voltado para o encapsulamento (que não significa integração, mas preservação) e, portanto, identificações protetoras, e outro que, apesar de tudo, perde identificações valiosas como uma consequência de identificação projetiva poderosa.

Conclusão

Tendo a experiência como base, pode-se concluir que, em muitas crianças neuróticas, os processos de autismo encapsulado secundário se tornaram isolados em um "bolsão" de funcionamento, de modo que o processo de desenvolvimento pareça continuar normalmente. Essa é minha hipótese transferida para pacientes adultos. Essa hipótese (Rosenfeld, 1986), em que o encapsulamento autista também é útil para preservar identificações precoces, foi originalmente descrita pelo autor no artigo apresentado no Congresso Psicanalítico Internacional, em Hamburgo, no ano de 1985, intitulado "Identification and the Nazi phenomenon" ("Identificação e o fenômeno nazista"). Dois anos depois de interromper o tratamento comigo, Lorenzo veio me ver, seguindo o conselho de seu psicanalista da época, que ia sair de férias e sugeriu a necessidade de contenção. Lorenzo veio ao consultório, e eu vi um jovem mais magro, vestido de modo elegante e com o cabelo bem penteado (o que nunca acontecia no passado). Ele disse que nessa época estava dividindo um apartamento com a irmã no centro de Buenos Aires, e que ambos estavam estudando. Isso não teria sido possível se eles tivessem ficado na casa dos pais, que é muito distante de grandes escolas, faculdades e universidades. Mais tarde, Lorenzo disse que havia se submetido ao exame do curso de inglês e sido aprovado com o ""PRIMEIRO CERTIFICADO". Agora ele estava para fazer outro teste de inglês para um nível mais elevado. Porém, ele estava sendo muito violento e ansioso por causa disso e estava tendo discussões com a irmã mais velha. Depois, quando se lembrou das discussões na casa dos pais, ele negou a ocorrência de argumentos em que eles fracassavam e até mesmo jogavam comida por cima das cabeças durante sua festa de aniversário.

Referências

Cancrini, M. G., & Pelli, M. (1995). Lavorare "con" le famiglie e lavorare "sulle" famiglie: alcune riflessioni tra approccio sistematico e intervento psicoeducazionale. *Interazione*, 1:151-158.

Freud, S. (1914a). *On Narcissism*: An Introduction, Standard Ed. Volumen 14.

Freud B. (1914b). Recordar, repetir e elaborar (Novas recomendações sobre a técnica da Psicanálise II). In *S. Freud, Edição standard brasileira das obras psicológicas completas de Sigmund Freud* (Vol. 12, pp. 191-203). Imago.

Freud remembering repeating and Working through. S.E...12

Izzo, E. (2000). "Interpreting in the treatement with a severely Disturbed patient". Buenos Aires Symposium. Ay the argentinian psychoanalytical Asociation. Revista de APA. Volumen April 2000.

Quinodoz, J. M. (1989). Female homosexual patients in psychoanalysis. *International Journal of psychoanalisis*, 79:55-63.

Rosenfeld D. (1992). *The Psychotic*: Aspects of the Personality. Karnac Books.

Rosenfeld, D. (1986). Identification and its vicissitudes in relation to the nazi phenomenon. *International Journal of Psychoanalisis*, v. 67, p. 53-64.

Segal, H. (1994). Fantasy and reality. *International Journal of psychoanalisis*, 75(2):395-401.

Volkan, V. (1995). *The Infantile Psychotic Self and Its Fates*: Understanding and Treating Schizophrenics and Other Difficult Patients. Jason Aronson Inc. Publishers.

Volkan, V., & Akhtar, S. (1997). *The Seed of Madness*: Constitution, Environment, and Fantasy in the Organization of the Psychotic Core. Routledge and CRC Press.

4. Trabalho com mecanismos de defesa com pessoas diagnosticadas com transtornos por uso de substâncias

William H. Gottdiener

A hipótese da automedicação dos transtornos por uso de substâncias (TUS) afirma que as pessoas desenvolvem um TUS para lidar com sentimentos disfóricos intoleráveis (Khantzian, 1985; Khantzian & Albanese, 2008). A incapacidade de lidar efetivamente com esses sentimentos com muita frequência se origina no trauma do apego na infância (Khantzian, 2014). Esse trauma pode assumir a forma de abuso físico, emocional e sexual, negligência por parte dos pais, ou todos esses fatores juntos. Ele provoca dificuldades na autorregulação, que geralmente se desenvolve nas relações com os cuidadores primários (Coughlin, 2017). As dificuldades de autorregulação estão no cerne da hipótese de automedicação (Khantzian & Albanese, 2008). Segundo Khantzian e Albanese, a autorregulação consiste na regulação de (a) afetos, (b) autoestima, (c) relacionamentos interpessoais e (d) autocuidado. A capacidade de autorregulação é governada por mecanismos de defesa (Shapiro, 2000).

Os mecanismos de defesa são inconscientes e automáticos (Cramer, 2006; Vaillant, 1993). Eles se desenvolvem desde o nascimento até a idade adulta, com as defesas cognitivamente mais simples, como a negaçãos surgindo no início da infância, a externalização e a projeção, mais tarde, na infância e na adolescência, a intelectualização e a repressão na adolescência, e as defesas cognitivamente mais complexas, como a sublimação, na adolescência, mas chegando à maturidade na idade adulta (Beresford, 2012).

Os mecanismos de defesa são processos mentais inconscientes que levam a um comportamento defensivo (Davidson & MacGregor, 1998). Os comportamentos defensivos incluem qualquer comportamento que ajude a compreender a função de um mecanismo defensivo. Uma pessoa poderia se sentir enraivecida quando sua autoestima fosse atacada por outra pessoa. Ela sentiria raiva em relação à pessoa que a insultou, mas poderia evitar sua expressão parcial ou total porque se sente inconscientemente culpada pela raiva. Ela poderia então fumar maconha para aliviar a raiva, o que também funcionaria para se defender do sentimento de culpa e conter sua percepção e sua experiência da raiva por meio do uso da defesa da minimização. Fumar maconha é o comportamento defensivo que tem o objetivo de facilitar o uso do mecanismo de defesa da minimização.

A teoria psicanalítica propõe que a maioria dos comportamentos é superdeterminada, o que significa que existe mais de uma causa para qualquer comportamento e processo mental (Waelder, 1936). Isso também significa que vários mecanismos de defesa podem impulsionar um comportamento defensivo, como usar álcool e outras drogas. Em um exemplo, a minimização pode ser o mecanismo de defesa principal que alguém usa, mas outros, como racionalização, externalização e atos passivo-agressivos, também podem estar em jogo. Além disso, as pessoas com TUS usam toda a gama de defesas maduras (adaptativas) e imaturas (não adaptativas) disponíveis, embora tendam a usar defesas imaturas com uma frequência consideravelmente maior (Bornstein, Gottdiener, & Winarick, 2010; Gottdiener, 2020; Prout, Gerber, & Gottdiener, 2015). E, por fim, é importante ter em mente que as defesas mais frequentes que as pessoas usam quando estão passando por momentos difíceis refletem o nível mais elevado de funcionamento nesse momento (Beresford, 2012). Portanto, o uso de substâncias pode ser considerado como um comportamento defensivo que está refletindo a melhor capacidade de autorregulação da pessoa naquele momento (Davidson & MacGregor, 1998).

Defesas e o triângulo do conflito

O triângulo do conflito é uma representação gráfica do conflito entre sentimentos e mecanismos de defesa (Coughlin, 2017). O triângulo está de ponta-cabeça, com o vértice voltado para baixo. A parte de baixo é formada pelos sentimentos. Se a pessoa vivenciar seus sentimentos como perigosos (isso acontece inconsciente e automaticamente), como ocorre quando os sentimentos são intoleráveis, então esses sentimentos vão evocar a ansiedade, sinal que indica que um sentimento é perigoso. A ansiedade funcionará como um sinal para que o ego ative os mecanismos de defesa para diminuir a percepção que a pessoa tem de seus sentimentos. Uma pessoa que fique furiosa com outra pessoa pode vivenciar sua raiva como assustadora, o que vai evocar a ansiedade, sinal que, por sua vez, estimulará um mecanismo de defesa, como a negação. A pessoa poderia injetar heroína como uma maneira de negar a raiva original e voltá-la contra o eu, criando um sentimento de euforia por meio da heroína, o que também possibilita que se puna usando uma droga perigosa. Voltar-se contra o eu é uma defesa que é motivada em ampla medida pelo superego do indivíduo. O ato de usar uma droga para se defender contra a expressão exterior da raiva e a culpa resultante também pode servir para punir o "eu" (Wurmser, 1977).

O uso de álcool e de outras drogas também é visto como uma maneira de tentar usar substâncias como um objeto transicional pelos indivíduos que não têm experiências significativas de apego seguro e de amor de seus cuidadores (Johnson, 1999). Dessa forma, o uso de álcool e de outras drogas pode ser uma maneira de se defender dos sentimentos de medo, defesa que não pode obter em um relacionamento de amor com outra pessoa. A substância se transforma em um objeto de amor por ser previsível e estar disponível para que o usuário de substâncias se sinta melhor quando quiser. Isso significa que, quando o álcool e as outras drogas funcionam como um objeto substituto para o amor, eles também servem a um propósito defensivo, porque reduzem os sentimentos disfóricos que poderiam ocorrer nos relacionamentos reais.

Pesquisas sobre mecanismos de defesa em pessoas com diagnóstico de TUS

Uma literatura científica crescente está examinando o uso de mecanismos de defesa em pessoas com uma gama de transtornos de adicção. Essa pesquisa mostra que as pessoas com diagnóstico de TUS utilizam mecanismos de defesa maduros e imaturos, com uso mais comum de defesas imaturas, conforme observado (Bornstein et al., 2010; Di Pierro, Benzi, & Madeddu, 2015; Evren et al., 2012a; Evren et al., 2012b; Floros et al., 2015; Prout et al., 2015). Outra pesquisa sugere que o tratamento efetivo resulta em uso mais frequente de mecanismos de defesa mais maduros (O'Leary, Donovan, & Kasner, 1975; O'Leary, Rohsenow, Schau, & Donovan, 1977).

É possível inferir a partir das pesquisas que os psicoterapeutas podem capitalizar as defesas mais maduras de um paciente para facilitar a melhora dos sintomas de TUS. Esse aspecto de funcionamento mais elevado do ego do paciente vai ajudar, de modo que o tratamento seja mais efetivo. A pesquisa atual sobre os mecanismos de defesa em pessoas com diagnóstico de TUS não permite que os psicoterapeutas determinem como trabalhar com defesas em sessões específicas para um diagnóstico de TUS. Os psicoterapeutas podem extrapolar a partir das pesquisas sobre psicoterapia dinâmica breve intensiva (*Intensive Short-Term Dynamic Psychotherapy* – ISTDP, na sigla em inglês), que revelaram que se concentrar nos mecanismos de defesa – indicando-os e mostrando a função deles para o paciente – ajuda os pacientes a se tornarem mais conscientes de seus sentimentos, a vivenciá-los, a tolerá-los e a expressá-los na transferência e fora dela, o que em última instância tem o efeito de reduzir os sintomas nas pessoas que têm muitos problemas psicológicos, incluindo aquelas com um diagnóstico TUS (Frederickson, DenDooven, Abbass, Solbakken, & Rousmaniere, 2018; Shedler, 2010).

Terapia psicodinâmica para adicções

Os psicanalistas têm tratado as pessoas com diagnóstico de TUS desde o final do século XIX, e existe uma literatura consideravelmente ampla sobre a psicodinâmica do TUS e seu tratamento (Yalisove, 1997). Um corpo crescente de pesquisas apoia o uso de uma gama de psicoterapias psicodinâmicas para o tratamento de TUS (Frederickson et al., 2018; Gottdiener, 2013; Gottdiener & Suh, 2015). Todos os tratamentos pesquisados têm mostrado reduções consideráveis em uso de substâncias e melhorias no funcionamento geral psicológico e interpessoal. Além disso, todos eles envolvem análises das defesas, sentimentos e transferências direta ou indiretamente.

Psicoterapia assimilativa dinâmica de adicção (ADAPT)

Descrevi uma abordagem de tratamento que desenvolvi, chamada *psicoterapia assimilativa dinâmica da adicção* (ADAPT, na sigla em inglês; Gottdiener, 2013), que usa a hipótese de medicação por automedicação, concentra-se na análise da defesa e é tecnicamente flexível, possibilitando que terapeuta e paciente integrem o tratamento e as técnicas com uma gama de outras ações que serão efetivas. Essa abordagem ao tratamento pode ser vista como integrativa, mas também é consistente com a ideia psicanalítica de longa data de usar parâmetros em que o terapeuta faz sua técnica terapêutica corresponder às capacidades de funcionamento do ego do paciente (Eissler, 1953). Além disso, também é importante ajustar a técnica terapêutica para que seja adequada ao histórico pessoal e cultural do paciente (Tummala-Narra, 2016).

A sessão inicial

Existem duas maneiras de conduzir uma sessão inicial. A primeira, a mais comum, é o que eu chamo de entrevista psiquiátrica e consiste em uma sessão de 45 minutos, na qual o terapeuta conhece o problema que o paciente apresenta e seus objetivos terapêuticos, determina um diagnóstico formal preliminar, enquanto também avalia o estado mental do paciente (Book, 1998). O terapeuta também pode ficar sabendo do histórico do problema que o paciente apresenta, do histórico das tentativas feitas pelo paciente para resolver o problema e de outros aspectos da vida do paciente, dependendo do fluxo da conversa. O terapeuta provavelmente agendará várias sessões adicionais para obter uma compreensão mais completa de quem é o paciente e de como o terapeuta e o paciente podem colaborar para auxiliar o paciente.

Uma segunda maneira de conduzir uma sessão inicial é o que chamo de entrevista terapêutica. Isso pode ser feito como uma sessão típica de 45 minutos ou pode ser conduzido como uma terapia de teste, que geralmente dura de 2 a 4 horas (Coughlin, 2017). Como na sessão psiquiátrica mais típica, o terapeuta permanece interessado no problema apresentado, nos objetivos terapêuticos e em obter informações suficientes do paciente para fazer um diagnóstico formal preliminar, mas o terapeuta também usa a sessão para realizar psicoterapia, e é por esse motivo que a sessão inicial costuma ser tão longa e é chamada de terapia de teste. A terapia de teste é similar à recomendação feita por Freud de uma análise de teste (Freud, 1913). O terapeuta conduz a sessão desse modo por duas razões. Primeiro, realizar psicoterapia na primeira sessão é diagnóstico, pois ajuda tanto o paciente como o terapeuta a determinar se eles podem trabalhar juntos efetivamente para abordar o problema do paciente. Segundo, realizar psicoterapia na primeira sessão também oferece uma oportunidade para que o paciente mude, mesmo que só um pouco. O paciente pode começar a desenvolver uma imagem das defesas que usa normalmente, de sua capacidade de identificar e exprimir seus sentimentos, começar a ver as conexões entre seus sentimentos disfóricos intoleráveis e seus desejos de se defender deles com álcool e outras drogas e até mesmo iniciar o processo de análise de transferência.

Eu prefiro conduzir uma terapia de teste, se isso for possível. Meu foco inicial é determinar o problema psicológico do paciente, não seu diagnóstico. Um paciente pode ter um transtorno de uso de álcool de uma perspectiva de diagnóstico, mas o problema em que estou interessado é no que está incomodando o paciente e no que ele quer mudar em si mesmo. Pode ser que o paciente considere que seu problema é estar em um relacionamento não gratificante e que bebe para lidar com o sofrimento desse relacionamento. O paciente pode até mesmo externalizar o problema e transformar o álcool no culpado quando seus conflitos não reconhecidos em relação ao relacionamento impulsionam o comportamento de beber em excesso. É importante colaborar com o paciente para identificar seu problema psicológico interno. Fazer isso vai automaticamente fornecer ao terapeuta um diagnóstico formal de trabalho.

Meu segundo foco é naquilo que o paciente deseja conseguir com a terapia, os seus objetivos terapêuticos. A abstinência do álcool poderia ser um desses objetivos terapêuticos. Além desse objetivo comportamental, eu também me interesso pelo que o paciente deseja atingir em termos de resolver seu problema psicológico interno. Se a raiva diante do relacionamento estiver impulsionando o comportamento de beber em excesso, então estou interessado em saber o que o paciente quer fazer quanto à sua raiva e ao relacionamento e como isso leva a seu uso excessivo de álcool. Quero saber tanto quanto possível como o paciente vê a si mesmo no futuro, depois de terminar a terapia.

Eu me concentro no problema psicológico e nos objetivos terapêuticos do paciente porque esses são os aspectos mais cruciais para o desenvolvimento de uma aliança terapêutica efetiva (Bordin, 1979). Os outros componentes desse modelo incluem ser claro em relação às tarefas da terapia e ao laço emocional positivo entre terapeuta e paciente. Na minha experiência, muitos terapeutas se concentram no último componente da aliança e negligenciam o primeiro componente e, no entanto, pelo que tenho visto, o progresso de muitos tratamentos chega a um impasse porque o terapeuta e o paciente nunca obtiveram uma compreensão clara dos problemas e objetivos do paciente. O paciente e o terapeuta precisam saber por que estão se encontrando e para que esperam trabalhar. É claro que os problemas e os objetivos podem ser enriquecidos e ganhar clareza conforme o tratamento progride, e novos problemas e objetivos podem emergir, mas no início do tratamento é crucial ter um senso claro de um problema a ser trabalhado e de como o paciente se vê uma vez que o problema apresentado for resolvido.

Se o paciente e o terapeuta tiverem dificuldade em identificar um problema e um objetivo claros, mas o paciente quiser começar a terapia, então, a missão inicial será esclarecer o problema e os objetivos do paciente. Isso é verdadeiro mesmo com pessoas com TUS. Uma pessoa com um diagnóstico de TUS poderia negá-lo. Como resultado, ela provavelmente não estará interessada em reduzir seu uso de substâncias nem em atingir a abstinência, mas pode ter problemas psicológicos associados ao uso de drogas e se interessar em abordá-los, e eles se tornarão o foco inicial do tratamento.

É importante agendar pelo menos uma sessão de acompanhamento após a sessão inicial de admissão (Coughlin, 2017; Gottdiener, 2013). Tento fazer isso alguns dias depois da sessão inicial de admissão e não mais de uma semana após a sessão de terapia de teste, se possível. Devo responder a várias perguntas na sessão de acompanhamento. Primeiro, avaliar a efetividade da sessão inicial. O paciente achou que ela foi útil? Se achou, de que maneiras? Segundo, o paciente continuou a refletir naquilo que conversamos na primeira sessão? O paciente continuou a se concentrar em seu problema psicológico identificado internamente se algum problema foi identificado? Se nenhum problema psicológico foi identificado na sessão inicial, durante o intervalo entre as sessões, o paciente continuou a explorar a questão de qual problema deseja trabalhar?

Terceiro, o paciente usou álcool ou outras drogas entre as sessões? Se sim, ele usou de uma maneira que sugere que a autorreflexão estava começando a ajudá-lo a abordar a função defensiva de seu uso? O uso que ele fez sugere que a ansiedade aumentou depois da sessão como resultado de ficar mais consciente de seus sentimentos e isso provocou um uso mais pesado? Quarto, o paciente está interessado em continuar a trabalhar comigo? Se ele quiser trabalhar em conjunto, está disposto a se encontrar comigo pelo menos uma vez por semana ou na frequência que acharmos melhor? As perguntas apresentadas são geralmente respondidas rapidamente e a maioria dos pacientes deseja continuar a terapia. Desse modo, a maioria das sessões de acompanhamento se transforma em uma sessão regular de terapia.

Além do mencionado, é importante avaliar o núcleo do relacionamento de transferência do paciente (núcleo conflitual central – CCRT, na sigla em inglês; Gottdiener, 2021). Eu faço isso usando o método do tema do CCRT (Book, 1998; Luborsky & Crits-Christoph, 1998). Esse método operacionaliza a transferência em três componentes: o desejo do paciente em relação a outra pessoa (W); a resposta esperada ou real da outra pessoa ao desejo do paciente, chamada de resposta do outro (RO); e as respostas emocionais, cognitivas e comportamentais do paciente diante da RO, chamadas de resposta do eu (RS). O CCRT é um modelo de transferência, porque o terapeuta e o paciente identificam como ele existe nos relacionamentos do paciente do passado, do presente e com o terapeuta.

Acho útil vincular o triângulo do conflito ao CCRT. Ele pode ser mapeado no CCRT das maneiras que se seguem. A resposta do eu do paciente consiste em sentimentos, pensamentos, comportamentos que incluem os mecanismos de defesa e comportamentos defensivos. Um paciente que queria o apoio de seu pai (W), mas em vez disso recebeu sua ira e difamação (RO), reagiu ficando furioso com o pai, o que provocou um aumento considerável de ansiedade, que o paciente então minimizou e voltou contra si mesmo ao usar opioides (RS).

Tratamento contínuo

O tratamento contínuo pode ser visto como composto por três fases que se seguem às sessões de consulta iniciais (Gottdiener, 2021). A primeira fase consiste em ajudar o paciente a se tornar consciente de seu CCRT e de como isso se manifesta em diversas situações e relacionamentos interpessoais. Além disso, também é importante ajudar os pacientes a começar a ver as associações entre seus sentimentos, ansiedade e defesas à medida que entendemos melhor sua resposta do eu.

Uma paciente veio para a terapia voluntariamente porque estava bebendo muito três ou mais noites por semana e apagando pelo menos uma vez por semana. A paciente vinha de uma família ostensivamente amorosa, mas ela também experimentava um grau moderado de trauma de apego na forma de negligência emocional. O CCRT da paciente consistia em um desejo de ser levada a sério pelos outros, um medo de que eles não fizessem isso independentemente do que ela fizesse para se mostrar digna deles. A resposta do seu eu incluía raiva, ansiedade e uma necessidade de se defender da sua raiva e dos sentimentos associados de culpa, voltando a raiva contra si mesma e por meio do comportamento passivo-agressivo. Isso era observável em seu constante humor autodepreciativo e pelo uso de comportamento passivo-agressivo para deixar os outros com raiva dela. A paciente também racionalizava seu comportamento de beber demais e afirmava que esse comportamento era aceitável porque ela era jovem. Ela minimizava os efeitos negativos que a bebida estava tendo sobre sua reputação com a família, amigos e colegas.

A primeira fase da terapia consistiu em apontar repetidamente esses padrões para ela. Seu comportamento começou a diminuir em intensidade e frequência e, depois de seis meses, relatou beber álcool uma ou duas vezes por semana, raramente ficar embriagada e parar de apagar por causa da bebida. O restante da terapia continuou a examinar esses mesmos processos, mas o foco mudou para a RO e a RS conforme se manifestavam nos relacionamentos contemporâneos e no relacionamento de transferência. Isso fez com que ela melhorasse muito sua capacidade de intimidade e de seguir caminhos de carreira que eram mais gratificantes e pessoalmente significativos, além de estar com pessoas que a levavam a sério.

A segunda fase da terapia consiste em se concentrar na resposta do outro (Book, 1998; Gottdiener, 2021). Esse é o cerne da análise da transferência. Por que é importante fazer isso ao se concentrar nos mecanismos de defesa no tratamento das pessoas com um diagnóstico de TUS? A resposta do outro consiste principalmente nas expectativas do paciente de como os outros vão se comportar em relação ao paciente e os pensamentos e sentimentos esperados que terão em relação ao paciente. A RO é baseada nas experiências passadas e presentes do paciente com outros significativos e nas próprias atitudes do paciente em relação a si mesmo. A RO esperada evita que o paciente venha a conhecer a outra pessoa e é vivida como se fosse verdade. O paciente que se recusa a dizer ao terapeuta que usa cocaína com regularidade porque teme que o terapeuta vá rejeitá-lo não está testando sua hipótese. Ele está vivendo como se conhecesse as atitudes do terapeuta em relação às pessoas que usam cocaína. É possível que o paciente esteja certo em relação a seu terapeuta; mas também é possível que esteja errado. O paciente não tem como saber isso, a menos que conte ao terapeuta sobre seu uso de cocaína e vivencie a resposta de seu terapeuta a essa informação.

Um paciente faltou a uma sessão porque estava se recuperando do consumo excessivo e intenso de cocaína e estava envergonhado de contar isso ao terapeuta. Meses depois, sentindo-se mais seguro e mais confiante no relacionamento terapêutico, o paciente levantou a questão e disse ao terapeuta que achava que este teria ficado decepcionado com ele e talvez o tivesse encaminhado a um programa de tratamento de drogas, com internação, porque não ia querer trabalhar mais com ele.

A RO do paciente fez com que ele vivenciasse uma expectativa do comportamento do terapeuta que, neste caso, estava errada. Por meio do trabalho de processamento, ficou claro que a RO consistiu em uma projeção das próprias atitudes do paciente em relação a si mesmo sobre o terapeuta. E, como acontece no caso da projeção, o paciente experimentou sua RO como se ela fosse real. Desse modo, a RO, muitas vezes, emprega a defesa da projeção e, assim, a transferência pode ser vista como um processo defensivo (Arlow, 2002).

Nós trabalhamos a RO com o paciente, ajudando-o a ver que suas expectativas não são necessariamente baseadas nos fatos que ele está atualmente experimentando com o terapeuta, mas que estão baseadas em experiências anteriores e em suas próprias atitudes em relação a si mesmo. Nós também trabalhamos com a RO, ajudando pacientes engajados no mesmo processo relacionado a suas interações e relacionamentos com os outros. Nós convidamos o paciente a arriscar-se e ser aberto e sincero conosco (Coughlin, 2017). Quando o paciente se dispõe a assumir esses riscos e respondemos com interesse, compaixão e apoio, ele tem uma experiência emocional corretiva conosco (Alexander & French, 1946). Correr um risco conosco também significa que a RS do paciente está começando a mudar.

As mudanças na RS são uma parte importante da segunda fase e, em última instância, levam à terceira fase do tratamento. Não é suficiente ajudar o paciente a identificar sua RO e convidá-lo a testar suas hipóteses impulsionadas por sua RO. O paciente deve ser convidado a mudar sua RS e deve estar interessado em fazer isso. Convidar um paciente a mudar ajuda a capacitá-lo. Estamos afirmando ao paciente por meio desse convite que nós respeitamos sua autonomia de mudar ou não e que vamos trabalhar com ele se quiser mudar. Estamos afirmando que o poder de mudar está dentro dele. Nós podemos colaborar com ele, para ajudá-lo a mudar, mas não podemos mudá-lo. Nesse ponto do tratamento, também podemos ajudá-lo a ver que seus sentimentos, ansiedades e defesas são a resposta a sua RO, mas que ele tem uma opção de responder de modo diferente. Esse processo também ajuda o paciente a assumir um interesse ativo em sua própria mente, sua própria mudança e entender que é necessário um esforço consciente para mudar (Summers & Barber, 2010).

Um paciente com uma história significativa de trauma de apego que ocorreu na forma de negligência paterna e grave abuso físico termina férias agradáveis e volta para um apartamento vazio e, subitamente, anseia por chamar uma prostituta e usar cocaína, e faz isso. Ele conta o ocorrido ao terapeuta na sessão seguinte. O terapeuta é representado por T e o paciente por P.

> T: Você se lembra do que estava sentindo antes de decidir chamar a prostituta que também trouxe cocaína para você?
> P: Não lembro. Na verdade, a ideia surgiu, e eu só decidi fazer isso. O sexo foi ótimo e, como você sabe, eu gosto ainda mais depois de usar cocaína.
> T: Você se lembra do que sentiu quando a viagem acabou?

P: Sim. Eu me senti muito triste. Eu até chorei um pouco. Eu chamei a mesma prostituta e usei de novo em outro dia da semana, mas dessa vez nós não transamos. Nós só conversamos. Também não usei muita cocaína.

T: Você usa cocaína sem prostitutas?

P: Quase nunca.

T: Parece que você chama prostitutas pela companhia, e a cocaína amplia a experiência, mas este é o ponto: você parece querer a companhia mais do que qualquer outra coisa porque você praticamente só usa cocaína com prostitutas e nem sempre faz sexo com elas. É quase como se você estivesse tentando ter uma experiência de namoro com elas: alguém com quem você pode transar, pode conversar, usar droga, alguém que não vai julgá-lo e que estará ao seu lado quando você quiser que esteja presente.

P: Sim. Parece que é assim mesmo.

T: Parece que você gostaria que a viagem continuasse porque estava tão feliz com ela e com aquela mulher com quem você queria estar, mas ela não tinha os mesmos sentimentos em relação a você, da maneira que você queria que tivesse. Você se sentiu triste ao deixá-la e ficou pensando se também não se sentia um pouco bravo com ela por não se sentir em relação a você da mesma maneira como você se sentia em relação a ela. Quando voltou para seu apartamento vazio, você se sentiu bravo, triste, solitário e ansioso, e isso o levou a se conectar com uma prostituta e usar drogas para lidar com esses sentimentos. Nós já vimos esse padrão acontecer antes.

> P: Sim, você tem razão. Quando me sinto desse jeito, é difícil não usar prostitutas e cocaína.
> T: Eu sei. Você é capaz de não usá-las mais efetivamente do que quando nos encontramos pela primeira vez. Eu sei que, às vezes, você liga para amigos quando não quer usar drogas, mas aposto que ligar para amigos não se compara com o prazer e o alívio que você consegue com prostitutas e cocaína nesses momentos.
> P: É. Não mesmo.

O paciente continuou a falar sobre seus sentimentos e, no fim da sessão, disse que se sentia melhor. Também disse como, no decorrer do tempo que estava em terapia, ele havia formado relacionamentos românticos e amizades mais íntimas e mais ricas (embora breves) e se lembrou de como seu uso de prostitutas e de cocaína havia diminuído consideravelmente desde que havia iniciado a terapia.

As mudanças refletidas nessa sessão são um marco do trabalho nessa fase do tratamento. Isso é definido por uma compreensão melhor da RO e por um esforço consciente do paciente para trabalhar com o terapeuta para mudar. Essa vinheta mostra que o paciente estava no processo de mudança, mas que, mesmo com algum insight sobre a função defensiva do uso de prostitutas e de cocaína, algumas vezes experimentava seus sentimentos como intoleráveis e voltava a sua antiga RS para lidar com esses sentimentos. Uma marca do progresso do paciente é ser capaz de discutir esses fenômenos com o terapeuta. Fazer isso mostra que o terapeuta se tornou uma parte integral do processo de experiência emocional corretiva e que existe um esforço consciente para mudar. Também é importante notar que os pacientes muitas vezes retornam a sua RS típica quando se sentem impotentes e, na presente vinheta, o paciente sentia-se impotente em conseguir que a mulher na qual estava interessado tivesse o mesmo interesse por ele (Dodes, 1996).

A terceira fase da terapia envolve a continuação do trabalho com a RO e a RS, com um foco contínuo e maior na consolidação dos ganhos na mudança da RO e RS. Esses ganhos têm o resultado de também melhorar a capacidade do paciente de gratificar seu W. Uma paciente havia sido ferida e ficou sem teto pelos ataques terroristas de 11 de setembro de 2001, em Nova York. Veio para a terapia vários meses após os ataques para lidar com o grave trauma que experimentou. Foi diagnosticada com transtorno de estresse pós-traumático (TSPT) e com TUS. Ela estava bebendo quase duas garrafas de vinho por noite, além de 30 mg de Valium® para acalmar os sintomas do trauma. A paciente foi atendida ambulatorialmente três vezes por semana, e grande parte da conversa se referiu a como reconstruir a vida para ela e seu filho. Queria trabalhar de novo, oferecer um porto seguro para seu filho, ser um bom exemplo para ele e, talvez, encontrar um novo parceiro romântico. Esses objetivos constituíam o W dela. A paciente enfrentou diversos obstáculos reais para trabalhar e para encontrar um lugar seguro para morar. Só conseguiu encontrar um trabalho que pagava menos do que ganhava antes dos ataques terroristas, e que também era informal. Teve de mudar para um bairro que tinha uma taxa de crime mais alta do que o bairro anterior porque não conseguiu encontrar um apartamento cujo aluguel pudesse pagar nesse bairro ou em bairros similares. Ela estava preocupada com seu uso excessivo de álcool e de tranquilizantes, mas não conseguia parar nem reduzir esse uso. Sentia-se culpada por estar dando um exemplo ruim para seu filho imitar conforme crescesse. Ela se via como pouco atraente e velha demais para encontrar um novo parceiro romântico e só se encontrava com homens casados, embora fizesse isso com pouca frequência.

No decorrer de três anos de tratamento, os sintomas de TSPT diminuíram até serem pouco frequentes e quase imperceptíveis, a menos que ela se encontrasse perto do local dos ataques terroristas ou se tomasse o metrô, onde ela se preocupava com a possibilidade de ficar presa se acontecesse um ataque no local. Mas, mesmo então, ela conseguia tomar um Valium®, e isso reduzia sua ansiedade para um nível administrável. Conforme nos aproximávamos do final do tratamento, a paciente passou a tomar Valium® apenas quando necessário, em vez de todas as noites. Ela também reduziu o consumo de álcool, de duas garrafas de vinho por noite para uma taça por noite. A paciente também aceitou que não poderia reconstruir a vida que tinha em Nova York antes do ataque terrorista por causa da dificuldade para achar um emprego bem remunerado em seu campo e para encontrar um bairro seguro onde viver. Ela mudou de emprego e foi para outro estado, onde poderia continuar sua carreira e morar em uma área segura e de custo acessível. Vinte anos depois, a paciente entrou em contato comigo e me disse que ela e seu filho estavam indo bem.

O tratamento da paciente se concentrou em sua necessidade de se defender contra os sentimentos intoleráveis que se desenvolveram em resposta ao trauma real que ela sofreu por causa dos ataques terroristas. Não tinha havido traumas importantes em sua infância, mas havia uma quantidade moderada de negligência emocional, e o pai dela sofria com as sequelas traumáticas de ter lutado na Guerra da Coreia, que o deixaram impaciente e das quais ele nunca podia falar. O tratamento passou por três fases: demonstração da onipresença de seu CCRT e dos sentimentos, ansiedade e defesas relacionadas a isso; um foco na RO e na RS e, em última instância, mudanças em sua RO e RS que a levaram a ser capaz de gratificar seus desejos de uma carreira renovada, segurança para si mesma e para seu filho, e ser um bom exemplo para ele. Todavia, ela não conseguiu desenvolver um relacionamento romântico gratificante, pelo que eu saiba.

Eu abordei o tratamento dela com a hipótese de automedicação e aceitei que ela precisava usar álcool e tranquilizantes para ajudá-la a lidar com seus sentimentos do trauma. Eu também pensei que, se pudéssemos abordar as defesas contra esses sentimentos, a necessidade que ela sentia de álcool e tranquilizantes seria menor e que ela poderia então fazer um esforço mais consciente para reduzir seu uso, e foi isso que aconteceu. Tentei ser compassivo e apoiar minha paciente e entender a própria situação, ajudando-a a ver que ela tinha o poder de mudar a si mesma; que ela poderia encarar seus sentimentos e não teria de se defender contra eles com defesas imaturas e, ao fazer isso, conseguiria o que queria da vida, e de fato ela conseguiu quase tudo. A paciente foi capaz de passar de usar álcool e tranquilizantes como objetos transicionais a me usar e também os outros como objetos reais, e passou de usar principalmente defesas imaturas a usar quase sempre defesas maduras. Ela passou de voltar contra si mesma a raiva dos ataques terroristas por meio do álcool e dos tranquilizantes para sublimar essa raiva para criar uma vida boa para si mesma e para seu filho.

Referências

Alexander, F., & French, T. (1946). *Psychoanalytic therapy: principles and applications*. University of Nebraska Press.

Arlow, J. (2002). Transference as defense. *Journal of the American Psychoanalytic Association, 50*(4), 1139-1150.

Beresford, T. P. (2012). *Psychological adaptive mechanisms: ego defense recognition in practice and research*. Oxford University Press.

Book, H. E. (1998). *How to practice brief psychodynamic psychotherapy: the core conflictual relationship theme method*. American Psychological Association.

Bordin, E. S. (1979). The generalizability of the psychoanalytic concept of the working alliance. *Psychotherapy: Theory, Research, and Practice*, *6*(3), 252-260.

Bornstein, R. F., Gottdiener, W. H., & Winarick, D. (2010). Construct validity of the relationship profile test: links with defense style in substance abuse patients and comparison with non-clinical norms. *Journal of Psychopathology and Behavioral Assessment*, *32*, 293-300. Recuperado de https://doi.org/10.1007/s10862-009-9153-1.

Coughlin, P. (2017). *Maximizing effectiveness in dynamic psychotherapy*. Routledge.

Cramer, P. (2006). *Protecting the Self: defense mechanisms in action*. Guilford.

Davidson, K., & MacGregor, M. W. (1998). A critical appraisal of self-report defense mechanism measures. *Journal of Personality*, *66*(6), 965-992. Recuperado de http://dx.doi.org.ez.lib.jjay.cuny.edu/10.1111/1467-6494.00039.

Di Pierro, R., Benzi, M. I. M. A., & Madeddu, F. (2015). Difficulties in emotion regulation among inpatients with substance use disorders: the mediating effects of mature defense mechanisms. *Clinical Neuropsychiatry: Journal of Treatment Evaluation*, *12*(4), 83-89.

Dodes, L. (1996). Compulsion and addiction. *Journal of the American Psychoanalytic Association*, *44*, 815-835.

Eissler, K. R. (1953). The effect of the structure of the ego on psychoanalytic technique. *Journal of the American Psychoanalytic Association*, *1*, 104-143.

Evren, C., Cagil, D., Ulku, M., Ozcetinkaya, S., Gokalp, P., Cetin, T., & Yigiter, S. (2012a). Relationship between defense styles, alexithymia, and personality in alcohol-dependent inpatients. *Comprehensive Psychiatry*, *51*, 860-867. Recuperado de https://doi.org/10.1016/j.comppsych.2012.01.002.

Evren, C., Ozcetinkaya, S., Ulku, M., Cagil, D., Gokalp, P., Cetin, T., & Yigiter, S. (2012b). Relationship of defense styles with history of childhood trauma and personality in heroin dependent in patients. *Psychiatry Research*, *200*, 728-733. Recuperado de https://doi.org/10.1016/j.psychres.2012.07.026.

Floros, G., Siomos, K., Antoniadis, D., Bozikas, V.-P., Hyphantis, T., & Garyfallos, G. (2015). Examining personality factors and character defenses assists in the differentiation between college students with Internet addiction and unaffected controls. *Personality and Individual Differences*, *86*, 238-242. Recuperado de https://doi.org/10.1016/j.paid.2015.05.030.

Frederickson, J., DenDooven, B., Abbass, Allan, Solbakken, A., & Rousmaniere, T. (2018). Pilot study: an inpatient drug rehabilitation program based on intensive short-term dynamic psychotherapy. *Journal of Addictive Diseases*, *37*(3-4), 195-201.

Freud, S. (1913). On beginning treatment (further recommendation on the technique of psycho-analysis). *Standard Edition*, *12*, 121-144.

Gottdiener, W. H. (2013). Assimilative dynamic addiction psychotherapy. *Journal of Psychotherapy Integration*, *23*(1), 39-48. Recuperado de https://doi.org/10.1037/a0030271.

Gottdiener, W. H. (2020). Self-medication, anaclitic and introjective personality styles, drug of choice, and the treatment of people with substance use disorders: theoretical and clinical implications of the empirical research. In *Innovations in Psychoanalysis: originality, development, progress* (pp. 208-227). Routledge.

Gottdiener, W. H. (2021). Supportive-expressive psychodynamic psychotherapy for the treatment of opioid use disorder. *Psychodynamic Psychiatry*, *49*(3), 388–403.

Gottdiener, W. H., & Suh, J. (2015). Substance use disorders. In P. Luyten, L. C. Mayes, P. Fonagy, M. Target, & S. J. Blatt (Eds.), *Psychodynamic approaches to psychopathology* (pp. 216–233). Guilford.

Johnson, B. (1999). Three perspectives on addiction. *Journal of the American Psychoanalytic Association*, *47*(3), 791–815.

Khantzian, E. J. (1985). The self-medication hypothesis of addictive disorders: focus on heroin and cocaine dependence. *American Journal of Psychiatry*, *142*(11), 1259–1264. Recuperado de http://dx.doi.org.ez.lib.jjay.cuny.edu/10.1176/ajp.142.11.1259.

Khantzian, E. J. (2014). The self-medication hypothesis and attachment theory: pathways for understanding and ameliorating addictive sufferring: the twentieth John Bowlby memorial lecture. In R. Gill (Ed.), *Addiction from an attachment perspective: do broken bonds and early trauma lead to addictive behaviours?* (p. 156). Routledge.

Khantzian, E. J., & Albanese, M. J. (2008). *Understanding addiction as self medication: finding hope behind the pain*. Rowman & Littlefield.

Luborsky, L., & Crits-Christoph, P. (1998). *Understanding transference: the core conflictual relationship theme method* (2nd ed.). American Psychological Association.

O'Leary, M. R., Donovan, D. M., & Kasner, K. H. (1975). Shifts in perceptual differentiation and defense mechanisms in alcoholics. *Journal of Clinical Psychology*, *31*(3), 565–567.

O'Leary, M. R., Rohsenow, D. J., Schau, E. J., & Donovan, D. M. (1977). Defense style and treatment outcome among men alcoholics. *Journal of Studies on Alcohol, 38*(5), 1036–1040. Recuperado de https://doi.org/10.15288/jsa.1977.38.1036.

Prout, T. A., Gerber, L. E., & Gottdiener, W. H. (2015). Trauma and substance use: the role of defenses and religious engagement. *Mental Health, Religion & Culture, 18*(2), 122–133. Recuperado de https://doi.org/10.1080/13674676.2015.1008442.

Shapiro, D. (2000). *Dynamics of character: self-regulation in psychopathology*. Basic Books.

Shedler, J. (2010). The efficacy of psychodynamic psychotherapy. *The American Psychologist, 63*(2), 98–109. Recuperado de https://doi.org/10.1037/a0018378

Summers, R. F., & Barber, J. P. (2010). *Psychodynamic therapy: a guide to evidence-based practice*. Guilford.

Tummala-Narra, P. (2016). *Psychoanalytic theory and cultural competence*. American Psychological Association.

Vaillant, G. E. (1993). *The wisdom of the ego*. Harvard University Press.

Waelder, R. (1936). The principle of multiple function: observations on overdetermination. *The Psychoanalytic Quarterly, 5*(1), 45–62.

Wurmser, L. (1977). *The hidden dimension: psychodynamics of compulsive drug use*. Jason Aronson.

Yalisove, D. (1997). *Essential papers on addiction*. New York University Press.

5. O papel do psicanalista na análise de pacientes adictos: continência, continência, continência[1]

Alessandra Ricciardi Gordon

Este trabalho tem por objetivo esboçar algumas ideias sobre o funcionamento psíquico aditivo e o papel do terapeuta nessa dinâmica. Podemos supor que as mais variadas condutas aditivas guardem entre si semelhanças quanto ao funcionamento psíquico? Em caso afirmativo, podemos pensar uma etiologia comum das adicções? Essa é uma discussão atual na literatura, e esperamos que as contribuições apresentadas ao longo deste livro possam trazer luz sobre esses pontos e outros, ainda. Penso que existem semelhanças consideráveis entre as mais variadas adicções, e que é útil pensarmos em modelos de compreensão e técnicas específicas. Apenas ressaltaria que as peculiaridades da adicção às drogas e ao álcool incluem aspectos sociais e econômicos, cujo exame não está no escopo deste trabalho e cujas consequências no plano da degradação física e social requerem um exame à parte.

---

1 Trabalho apresentado no pré-congresso da International Psychoanalytical Association (IPA), no grupo de trabalho sobre Adicções, em 12/07/2021.

Alguns autores, como Woods (2013) e Griffiths (2004), corroboram a visão de que existe uma considerável semelhança na caracterização de parafilias, perversões, comportamentos sexuais compulsivos e adicções. Em um nível subjetivo, existe a mesma urgência, o sentimento irrefreável para a ação e a mesma incapacidade para limitar a conduta que é reconhecida como danosa ao sujeito. Todas essas condutas também tendem a seguir um ritual fixo e produzem um sentimento de elação ou bem-estar. Griffiths aponta componentes essenciais e semelhantes entre as mais variadas adicções, como relevância, modificação do humor, tolerância, isolamento, recaídas e conflitos internos.

Zusman (2021) tende a ver o desenvolvimento psíquico organizado em torno de dois eixos: o eixo da adicção e o da dependência. Esses eixos seriam análogos e complementares, alternando-se ao longo do desenvolvimento, ora mais próximos da patologia, com falhas em promover uma vida simbólica e com significado, ora mais próximos da saúde, com a construção de um mundo simbólico, edificado a partir dos processos de alteridade.

Já outros autores, como Rodríguez de la Sierra (2013), entendem que não há um distúrbio homogêneo no vasto grupo de pacientes adictos a substâncias ou condutas e não compartilham da ideia de uma etiologia comum às adicções. Rodríguez de la Sierra vê a interação de elementos culturais, ambientais e constitucionais operando em meio a forças conscientes e inconscientes, resultando no desenvolvimento da conduta aditiva.

Aqueles entre nós que atendem pacientes com condutas aditivas em instituições ou consultório sabem da grande dificuldade que a dupla analista-paciente enfrenta para estabelecer e manter um vínculo que permita o desenvolvimento das sucessivas experiências que compõem o trabalho analítico, que, apesar de árduo e longo, pode ser transformador.

A partir dessa perspectiva, gostaria de explicitar que essas reflexões são produto da experiência clínica de atendimento em consultório a pessoas com padrões de condutas aditivas diferentes, de álcool e drogas a pornografia e tricotilomania. Gostaria também de ressaltar que nenhuma dessas pessoas procurou psicoterapia pela conduta aditiva; esta veio à tona no curso do atendimento.

Gostaria, ainda, de expor brevemente a concepção acerca da adicção que permeia este trabalho, pois as decorrências na técnica e no papel do analista são fatores de tal concepção. Apresentarei um caso clínico, ilustrando os pontos de vista apresentados.

Hipóteses sobre o estabelecimento da conduta aditiva

Penso que a conduta aditiva se origina a partir de falhas na transicionalidade (Winnicott, 1951), ou seja, a partir de dificuldades que ocorrem no processo de introjeção do objeto primário e que prejudicam a constituição da mente. Tais falhas podem decorrer de traumas que incidem nos primórdios da constituição da mente, sejam eles ligados a falhas do ambiente em receber, conter e transformar, por meio da *réverie* (Bion, 1962) materna, os conteúdos indigestos ao bebê, sejam ligados ao excesso de ódio proveniente dos ataques ao objeto primário no processo de separação.

Gostaria de ressaltar que os estados mentais que caracterizam a conduta aditiva – e que serão explicitados a seguir – podem emergir tardiamente em pessoas que conseguiram um certo grau de desenvolvimento psíquico, com algum acesso a uma vida simbólica e um certo desenvolvimento da capacidade de pensar e aprender com a experiência (Bion, 1962). Nesses casos, circunstâncias extremas e/ou acontecimentos pessoais de impacto permanente, como perdas sucessivas e precoces, tragédias, guerras, cujo impacto exceda a capacidade de organização do sujeito, podem deflagrar um processo de desmonte da vida psíquica.

Vamos abordar um pouco mais detidamente essas perturbações no vínculo e, então, a função analítica. Um caso clínico será apresentado à guisa de ilustração.

Um olhar para o processo de constituição da mente

Inicialmente, as partes da personalidade são vividas como não tendo qualquer coesão, e a função interna de conter as partes do self depende da introjeção de um objeto externo sentido como capaz de cumprir essa função. O bebê conta apenas com as qualidades sensoriais do objeto materno para sua segurança e com ele precisa estar em relação sensível e contígua até que tal objeto possa ser introjetado como interno continente, o que se dá a partir da identificação com as capacidades psíquicas da mãe.

O estabelecimento da pele psíquica (Bick, 1968) instaura tanto continência passiva às partes do ego inicial, propiciando a coesão necessária para que ocorra a cisão primária, a projeção e o uso da identificação projetiva, quanto o limite que advém da possibilidade de separação entre interno e externo, entre self e objeto.

Continência e limites são, portanto, funções da pele psíquica.

Nos primórdios da vida pós-natal, predomina a identificação adesiva (Meltzer, 1975) como parte do desenvolvimento normal. O bebê vive a ilusão da continuidade sensorial com o objeto, em uma fase em que a dependência é absoluta, e a separação é experimentada como perda de partes do próprio corpo.

Os processos de amadurecimento do bebê e as qualidades moduladoras da mãe resultam na unicidade ilusória da dupla, que vai sendo substituída por uma relação de objeto, na qual o reconhecimento da separação é acompanhado pelo desenvolvimento dos processos de simbolização e pensamento, bem como por uma evolução nas dimensionalidades (Meltzer, 1979) da relação sujeito objeto.

Como esclarece Parada Franch (2015), na unidimensionalidade, diante da experiência de não integração, o bebê busca um ponto para fixar-se: luz, som, brilho ou o mamilo da mãe. Daí, passa à bidimensionalidade, quando, por meio da repetição das experiências enriquecidas por elementos sensoriais – cheiro, som, olhar, tato –, uma linha começa a existir onde antes só havia pontos. O *self* adere ao objeto, e inicia-se a constituição da pele psíquica a partir da identificação com qualidades psíquicas da mãe. Com o estabelecimento da pele psíquica, assentam-se as bases para a tridimensionalidade, quando já começa a existir uma separação entre *self* e objeto que, com esse desenvolvimento, não é mais vivida como queda em precipício ou dilaceração. Adquire-se a concepção de espaço: espaços internos vão se criando no *self* e no objeto e permitem que experiências possam ser projetadas, internalizadas ou contidas. O mundo interno se diferencia do externo; temos a ação dos processos de cisão e projeção, e a criação de um espaço interno que contém os objetos que começam a adquirir uma representação interna e a relacionar-se entre si. A terceira dimensão pressupõe um dentro, um fora e algo que os separa; permite a experiência de lugar e a continência de emoções, que podem ser representadas, significadas, simbolizadas e pensadas. A capacidade simbólica emerge quando o reconhecimento da ausência e da alteridade do objeto pode ser tolerado. Esse processo é fundamental para a formação de símbolos e posterior desenvolvimento do pensamento. Da confusão com o objeto vai emergindo uma diferenciação self-objeto. Na quarta dimensão, a luta contra o narcisismo, a onipotência e o controle sobre o objeto finalmente se apazigua, tanto no mundo interno como no mundo externo, e a noção de desenvolvimento, bem como a noção do tempo, pode ser objeto de construção da quarta dimensão.

As formações de segunda pele

Descompassos afetivos excessivos na dupla, devido à inadequação do objeto externo, separações prolongadas ou perturbações excessivas no ambiente resultam na percepção precoce da separação, levando a perturbações no desenvolvimento da pele psíquica. A angústia de desmantelamento (Meltzer, 1979) é experimentada e leva à constituição de formações de segunda pele (Bick, 1968), em que, por meio de capacidades incipientes, talentos e uso inapropriado de certas funções mentais, o bebê toma para si tarefas que seriam do objeto e cria um substituto para a função de pele continente. Com isso, a dependência em relação ao objeto é substituída por uma pseudoindependência; a integração obtida é frágil e produz estados de desintegração nas organizações posteriores.

A identificação adesiva passa, então, a ser predominante, e a modalidade relacional self/objeto da bidimensionalidade (Meltzer, 1979) tende a perpetuar-se. O ego tende a permanecer em estado de fusão primitiva, adesiva com o objeto; as relações tendem a ser superficiais; há grande apego à sensorialidade; os valores são ligados ao externo, com o uso de imitação e grande intolerância à separação. Como decorrência, temos graves deficiências na aquisição do conceito de espaço interno e prejuízo nos processos de projeção, introjeção e simbolização.

A partir das proposições de Bick e Meltzer sobre identificação adesiva apresentadas, Barros (2013) postula o conceito de *posição adesiva* como um primeiro polo organizador das vivências nos estágios iniciais. Como sabemos, o conceito de posição formulado por Klein é uma estrutura formada por um conjunto de elementos em relação dinâmica, mas estável, que funciona como um polo organizador das experiências emocionais. São eles: uma angústia prevalente, um tipo de relação de objeto e um mecanismo de defesa característico. A posição adesiva se caracteriza pela angústia de desmantelamento, por uma configuração sensorial de vinculação entre *self* e objeto caracterizada pela identificação adesiva e pelas formações de segunda pele. Se as condições não se alterarem, esse modo de funcionamento da posição adesiva tende a perenizar-se e a prevalecer no equilíbrio dinâmico entre essa posição e a esquizo-paranoide e depressiva.

A instalação da conduta aditiva

Com a prevalência da posição adesiva e as decorrentes falhas na elaboração da transicionalidade, os elementos sensoriais dos objetos de apego da infância ficam degradados à sua forma mais concreta. Sua busca termina por se constituir em um fim em si mesmo; seu uso nega a importância do objeto com alteridade e substitui-o por uma parte de si: apenas a dimensão sensorial é evocada e entretida. A adesão a condutas altamente sensoriais tem seguimento com manobras de autocontenção que se perpetuam e podem transformar-se com a entrada na adolescência, para, finalmente, tomar a forma de uma adicção, seja a álcool, tabaco, drogas ou jogos, sexo, internet, tricotilomania, comida etc.

As formações de segunda pele e a identificação adesiva ao objeto conferem a falsa condição de pseudoindependência, lastreada por uma fantasia onipotente de autossuficiência ou pseudomaturidade (Meltzer, 1975), que passa a ser atuada. Isso substitui a experiência da dor e o trabalho de luto pela perda do objeto primário, que, de fato, nunca ocorreram. A adesão alucinatória a um objeto aditivo, um substituto (Bion, 1965/2000),[2] é contínua e incessantemente buscada.

Para Bion, a adicção é uma condição de aprisionamento e paralisia que ocorre quando um substituto ocupa o lugar de um objeto vivo na relação de dependência. É utilizada na condição mental de intolerância a estados mentais insuportáveis, quando prevalece o ódio à falência da fantasia onipotente. Entre a urgência e o ato aditivo, a mente fica paralisada, envenenada,[3] pois não há a mediação do pensamento: não é possível conter, observar, conhecer o que se experimenta. A conduta aditiva é, então, resultado de manobras de evitação, entorpecimento e falseamento, visando a esquivar-se da dor e do estado mental. Há uma urgência do substituto que é falso, mas fica investido da função de produzir preenchimento e completude. Cria-se uma confusão entre o objeto verdadeiro e o objeto falso travestido de verdadeiro. O substituto fica alucinado como um alimento que supre o sentimento insuportável de falta e vazio; porém, não há nutrição psíquica nas condutas aditivas: há um esvaziamento que leva consigo partes do que se havia construído em termos mentais; restam culpa e sentimento de fracasso.

Note-se que não se desenvolveu um eixo interno de sustentação da personalidade e necessita-se de algo externo para agarrar-se, o objeto aditivo, como um exoesqueleto. Note-se ainda que o

2 Para Bion (1965/2000), o substituto é o que ocupa o lugar do objeto vivo em uma relação de dependência e "que não pode satisfazer sem destruir a capacidade para discriminar o real do falso".

3 O termo *toxicomania* deriva dos verbetes gregos *toxikon* (veneno) e *mania* (loucura).

objeto aditivo é priorizado sobre a relação com um objeto vivo. A ligação sensorial permanece por meio da fruição do objeto aditivo. Os prejuízos para a edificação da mente são devastadores, pois não se constrói a possibilidade de perceber, conter e conhecer os próprios estados emocionais. É o que Bion chama de *menos K* (-K) e que também se relaciona ao que David Morgan (2021) chama de "viver em um mundo em que a própria mente está em outro lugar". Esse autor fala do convívio com um objeto que esteve fisicamente presente, mas que não realizou suas funções de continência e limite necessárias para a edificação da mente. Assim, vive-se como alguém cuja mente está em outro lugar, nunca presente e atenta ao sujeito.

Sintetizando, a constelação de fenômenos que compõem a bidimensionalidade pode ser observada nas condutas altamente sensoriais com o correlato alucinatório, que caracterizam os fenômenos da adicção. Ao não se estabelecer uma ligação separada com o objeto, tem-se como única opção ficar fusionado a este. Podemos observar o processo de degradação do objeto interno e sua substituição pelo objeto aditivo, ou substituto, que é compulsivamente buscado como uma forma de fazer frente a intensas angústias de desmantelamento. Esse uso abusivo, aditivo e contínuo termina por ser a única forma que o sujeito dispõe para lidar com o sofrimento. McDougall (1997) lembra que todos tendemos a nos entregar vez por outra a comportamentos aditivos, mas essa conduta só se torna patológica quando se constitui na única forma de o sujeito lidar com o sofrimento.

Concomitantemente, temos a ação de fantasias onipotentes de negação da dependência de objetos vivos e com alteridade. Essas fantasias não são experimentadas em um mundo interno, que pouco se constituiu e/ou se degradou, mas são atuadas em um devir de negação da passagem do tempo e da finitude. Com a falência de tais fantasias onipotentes, instala-se de forma soberana a conduta aditiva.

Esses estados mentais podem permanecer durante todo o desenvolvimento ou podem emergir em circunstâncias cujo impacto exceda a capacidade de organização do sujeito, provocando um desmantelamento do psiquismo. Nessas condições, o sujeito se vê diante de uma organização mental primitiva que possivelmente já havia sido superada.

Função analítica e decorrências técnicas

O estabelecimento de um forte vínculo entre a dupla analítica é fundamental. Esse vínculo será intensamente combatido, pois a relação com um objeto vivo e com a alteridade remete à descontinuidade e ao ódio à dependência do objeto.

Sendo assim, o ambiente analítico deve favorecer a retomada do desenvolvimento psíquico de aspectos primitivos da mente. A ênfase é acolher os afetos manifestados durante as sessões, tolerar a agitação e os estados mais ligados à sensorialidade. Nessa empreitada, a capacidade de continência do analista aos seus próprios afetos é muito importante; sua mente, bem como seu corpo, entra em cena nesse processo.

A narrativa do paciente frequentemente não tem um significado e deve ser tomada como algo com que interagir na construção de um sentido partilhado, co-construído entre a dupla. Para tanto, o psicanalista precisará se apoiar nos derivativos da contratransferência, como sensações, emoções, flashes oníricos e na sua minuciosa análise. Suas capacidades de continência, de escuta e capacidade narrativa serão requisitadas. O campo analítico (Ferro,

2009) passa a ser o palco de *enactments* como a única forma possível de comunicar o que se passou em um tempo sem palavras.

Por meio dos *enactments*, o paciente também pode estar interessado em saber se o analista tem um equipamento mental mais capacitado do que o seu para lidar com vivências carregadas de angústia de desmantelamento, bem como com as sucessivas recaídas na busca do objeto aditivo. O paciente poderá investigar o quanto o analista suporta ser colocado em segundo plano, em ser o elemento excluído nesta triangulação: analista – paciente – objeto aditivo.

Nessa interação, é frequente o aparecimento de personagens, amigos, parentes, personagens ficcionais que carreguem pelo tempo necessário aquilo que o paciente não pode admitir (Ferro, 2013). Cabe ao analista sustentar um processo que se apoiará nas suas qualidades de constância, flexibilidade, firmeza de atenção. Tais atitudes permitem recolher, atribuir e oferecer sentido a fiapos de comunicação mediante ações comunicativas, ou mesmo construções narrativas que possam estabelecer um vocabulário verbal e não verbal compartilhado (Barros, 2020). Há que se construir o caminho na captação, continência e transformação dos elementos sensoriais brutos para a construção de um sentido que leve à palavra encarnada (Barros, 2013).

Diante de toda essa construção, o paciente pode introjetar a função continente do analista, e com isso tem seguimento a edificação de uma mente com espaços propícios a projeções e introjeções.

A construção dessa condição de maior integração pode permitir construir/resgatar a história do paciente, o que está em oposição ao que acontecia quando havia apenas o presente imediato da urgência aditiva.

O trabalho psicanalítico favorece a mentalização (Fonagy & Target, 1996), a produção de um sentido, a produção de uma narrativa, a formação e comunicação de sonhos: com todo esse desenvolvimento, um sentido para a conduta aditiva pode emergir.

Até que esse processo esteja mais evoluído, as interpretações transferenciais e de conteúdo pouco são suportadas e sequer úteis, uma vez que pode acontecer a mera apropriação racional sem que a experiência afetiva seja vivida e transformada pela dupla. É comum serem mal-recebidas, dada a fragilidade das relações de objeto e precária capacidade simbólica.

Com muito trabalho e alguma sorte, a dupla poderá observar uma mudança paulatina nos investimentos afetivos, com um enfraquecimento dos objetos aditivos, até sua progressiva extinção.

Esse é o árduo trabalho de constituição da mente, da edificação de um mundo interno que vai sendo construído a partir da introjeção de objetos que mobiliarão o mundo interno (Meltzer, 1979) com uma rede de significados que podem ser percebidos, resgatados e sonhados e com a possibilidade de se pensar e aprender com a experiência.

Ilustração clínica

M. veio em busca de atendimento aos 26 anos de idade por sentir-se desamparada após a morte de sua terapeuta e do rompimento com um namorado, alguém de quem pensava não gostar muito. Sentia que esses relacionamentos não eram importantes e não imaginava que pudesse sentir tanto essas perdas.

Vinha para as sessões em meio à agitação, falando sem parar, esfregando as mãos ou arrancando ferozmente o esmalte das unhas. Era visível sua a ansiedade e a sua precária capacidade de contenção emocional. A agitação era sentida agudamente no campo transferencial e avolumava-se; era descarregada e, ao mesmo tempo, incrementada por meio do falatório. Eu me percebia diante de alguém que tinha um recipiente pequeno demais para conter uma água de chuva que fluía abundantemente. Sua situação de vida era igualmente precária; tinha um emprego que lhe proporcionava parco sustento, uma rotina estruturada e o plano de saúde que cobria a psicanálise. Percebia estar acompanhando alguém muito necessitado, mas que não tinha noção clara disso.

Após alguns encontros, ela relatou brevemente que arrancava cabelos,[4] mas não foi isso que a trouxe para a análise; M. nunca arrancou cabelos durante as sessões, tampouco voltou a tratar disso nos anos seguintes. Sua história, repleta de separações, perdas, desencontros e desaparecimentos de pessoas queridas, bem como inúmeras dificuldades cotidianas, era o objeto de nossa conversa. Sua vida era turbulência e excitação; lançava-se com frequência e intensamente em atividades que exercia de forma compulsiva, como exercitar-se, beber, sair e envolver-se sexualmente com vários parceiros. Os antigos relacionamentos com familiares eram permeados por brigas e afastamentos.

Eu percebia que precisava estar próxima, aberta e receptiva aos seus estados emocionais caóticos. Ouvia e acolhia suas ansiedade e agonia, e fazia assinalamentos que procuravam mostrar minha presença atenta e disponível. Era, no entanto, muito solicitador e desgastante estar com ela nesses inícios, porque minha vivência interior era de que não haveria nada nem ninguém que pudesse ajudá-la diante do que parecia ser uma angústia sem fim (angústia de desmantelamento). M. tinha uma precária capacidade de

---

4 O ato de arrancar cabelos recebe a denominação de *tricotilomania* e constitui-se em uma adicção, junto com o abuso de drogas, o jogo e o roubo patológico, entre outras. Tal quadro foi primeiramente descrito pelo dermatologista francês Hallopeau, em 1889. Esse termo é derivado do grego e significa "arrancar", "criar claros", como referência à alopecia consequente.

contenção emocional, mas era muito inteligente e apoiava-se nessa grande capacidade intelectual (formação de segunda pele) para conduzir sua vida e manter-se razoavelmente equilibrada.

Durante os encontros analíticos, estando minha mente voltada a observá-la, percebê-la, receber e transformar o que vinha dela em algo representável e comunicável no momento em que ela pudesse receber essa comunicação, foi se construindo dentro dela um espaço mental propício a projeções e introjeções. Com o passar dos anos ela foi se sentindo mais contida e reconhecendo o contato com um objeto continente como algo útil, que a tirava de um círculo vicioso de crescente agitação-excitação. À medida que ela foi passando a ter uma condição de maior integração e a falar dos seus estados mais desamparados, nós pudemos perceber que o arrancar os cabelos era apenas a conduta observável de um processo que começava com a desconexão entre ela e o objeto com alteridade.

Ao lançar mão do seu ritual de arrancar os cabelos, M. se envolvia em uma condição mais ligada à sensorialidade, em que a conexão com objetos usados de forma aditiva, com os quais estabelecia uma ligação fusional, substituía o contato com objetos vivos e com a alteridade. Essa atividade a continha e entretinha; ela ficava aderida aos seus cabelos e permanecia na periferia da experiência, vivendo em um mundo raso e superficial. Apenas as qualidades sensoriais eram buscadas e predominavam.

Ao longo da análise, compreendemos que M. usava muitas atividades de forma aditiva; ela aceitava trabalhos extras e, com isso, vivia em um isolamento quase completo. Seus vínculos também eram usados desta maneira: conheceu um rapaz pela internet e comunicava-se virtualmente com ele. Essa relação era permeada por um devanear e um entreter fantasias prazerosas, e, durante semanas, não o conheceu pessoalmente. Seus contatos virtuais se mostraram uma atividade semelhante à de arrancar os cabelos, pois tinha a ilusão de estar com alguém, porém, na verdade, estava com uma criação feita por ela própria. Utilizava "restos", como imagens e frases, e, com eles, forjava alguém para se entreter. Era a imagem que entretinha! O mesmo movimento do afagar cuidadosamente um fio e, depois de algum tempo, arrancá-lo e brincar com ele. O fio, como a criação de um namorado, era só seu; podia manipulá-lo como bem lhe conviesse. O que parecia ser um envolvimento com outra pessoa foi se revelando uma atividade solitária, alucinatória, em que o objeto era criado ilusoriamente e usado de forma aditiva.

Esse funcionamento objetivava a negação da dependência do objeto com alteridade. Note-se o uso do objeto aditivo: ela desligava-se do que acontecia ao seu redor e buscava o objeto aditivo, que lhe proporcionava um prazer primitivo, seguindo um ritual fortemente marcado pela sensorialidade, com caráter alucinatório, e a atuação de uma fantasia onipotente de gratificar-se prescindindo do objeto com alteridade. O refúgio nesse invólucro narcísico evitava a percepção de necessidades, frustrações e desejos do mundo das relações objetais.

Quando pôde perceber que se ligava não a uma pessoa real, mas a uma criação sua, passou a notar também a falta que sentia de muitos itens em sua casa, itens básicos, como mesa e cadeiras para refeições ou trabalho, tapete, cortinas etc. Adquiriu-os e mobiliou sua casa com eles, e pôde gozar da satisfação de conviver com itens reais. Todo um mundo interno foi sendo progressivamente construído com uma rede de significados que podiam ser percebidos, resgatados, sonhados. Multiplicaram-se os sonhos.

M. foi atendida por cerca de doze anos em psicanálise de alta frequência, e ao longo desse tempo tivemos como tarefa principal a construção de uma ligação interpessoal e intrapsíquica – pois a relação que construímos teve como consequência o fortalecimento do investimento no objeto interno com alteridade – que fizesse frente a essa formação defensiva do tipo segunda pele (Bick, 1968/1987), constituída pela conduta aditiva de arrancar os cabelos.

O arrancar os cabelos passou por transformações: inicialmente, estava desligado de sentido; não havia associações em sua mente, pois não era algo a ser pensado, mas a ser vivido e fruído solitariamente. Contava apenas que começou a arrancar os cabelos aos 11 anos de idade, depois que pegou piolhos em um surto na escola. Esse episódio dirigiu sua atenção para os cabelos, e, mesmo após o extermínio dos piolhos, continuou catando, mexendo e, finalmente, arrancando os fios. Por essa época, passou férias na praia com a família e relaciona esse momento ao início do quadro. Só muito mais tarde, na sua análise, é que começou a falar sobre isso, e pude ver, da minha poltrona, as falhas que se mostravam com algum movimento de cabeça. Suponho que existissem antes, mas eram cuidadosamente ocultadas. O sentido do arrancar os cabelos foi sendo construído entre nós, e, à medida que esse ato secreto foi sendo compartilhado, tem se tornado menos frequente. Minha hipótese é que, a partir do fortalecimento da nossa relação, ela tem se lançado com menos frequência a condutas aditivas. Nossa relação foi possibilitando uma mudança nos seus investimentos libidinais, e, nos últimos tempos, M. passou por fases em que conseguiu parar de arrancar os cabelos e teve algumas recaídas, até finalmente conseguir parar. Com isso, as falhas começaram a ser preenchidas.

Quando me refiro às falhas, quero ressaltar que, para além dos claros no seu couro cabeludo, uma das tarefas da dupla analítica foi (re)construir sua história. Em meio ao funcionamento psíquico adesivo e à urgência do ato aditivo, não havia passado ou futuro, apenas presente. Conforme esse funcionamento foi se modificando, lembranças foram emergindo, emoções e sentimentos foram trazidos ao campo, e juntas pudemos digerir o impacto que tais vivências produziam, bem como transformar a carne viva da emoção em memórias que puderam ser encadeadas em história. A paciente passou também a relatar sonhos, e em um momento da sessão no qual podíamos nos ocupar deles.

Nessas ocasiões, era frequente virem à minha mente trechos de músicas ou filmes. Esses flashes oníricos nos propiciavam um início de representação. Trago em particular um episódio em que um trecho de uma música dos Titãs nos auxiliou em um período de muita relutância dela em vir às sessões. A sua vinda concreta ao consultório esteve equacionada à sua imensa dificuldade em arriscar-se na aventura que a levaria a cruzar o "longo percurso" em direção ao investimento no objeto com alteridade. O surgimento em minha mente do trecho "Só quero saber do que pode dar certo, não tenho tempo a perder"[5] pode lançar luz ao que estávamos experimentando, e, ao trazer esses elementos para a nossa conversa, M. pode tomar contato com sua grande hesitação em acreditar que poderia haver alguma utilidade na empreitada de aproximar-se e dedicar-se a uma relação que não era "líquida e certa".

Pudemos adentrar as vicissitudes que a levaram a isolar-se, a ficar em meio a objetos mortos ou inertes. Percebemos que substituiu os afagos recebidos por alguém pelos afagos autopraticados, que a mantinham entretida consigo mesma, uma vez que toda essa manipulação, que culminava em um arrancar dos cabelos frenético, nocivo e desesperado (sem esperanças), era iniciada por um afago, um movimento ensimesmado que, em vez de gerar pensamento, perder-se-ia no mundo sedutor, imediato e raso das sensações (do mundo bidimensional).

Pudemos levantar a hipótese de que a conduta aditiva recebeu uma considerável herança de fenômenos transicionais (Winnicott, 1953/1971) perturbados. Ela relatou que usou mamadeira e chupe-

5 Composição de Sérgio Britto e Torquato Neto – Titãs, álbum *Titãs*, 1984.

ta até os 8 anos de idade e um travesseiro até poucos meses antes de começar a arrancar os cabelos, na puberdade. Nossa suposição foi de que ela atravessou com muitas dificuldades os fenômenos da transicionalidade e de que seus objetos, mamadeira, chupeta e travesseiro, em vez de conduzi-la de um estado em que estava fundida com a mãe a um estado em que passou a estar em relação com ela como um objeto externo e separado, constituíram-se em um fim em si. Ou seja, o uso desses objetos e, posteriormente, o uso de seus próprios cabelos estiveram fortemente investidos como um objeto aditivo, que evitava a percepção da importância do objeto e sua dependência.

Um recorte de sonhos perto do décimo ano de análise nos permitiu construir hipóteses e compreender o estado de coisas que gerou a crença na fantasia onipotente de autossuficiência, que perdurou em um recanto de sua mente.

"O meu cabelo tinha caído todo, era um cabelo cheio e comprido, como o da X. Eu estava em algum lugar, podia ser em casa, e o meu cabelo caía em tufos; e o pior é que não ia nascer mais. Chamava (desesperada) por minha mãe e falava para ela: 'Olha mãe! vai cair tudo!'." Nesse sonho, a presença do objeto é evocada no momento de sofrimento e desvalia. Por meio dele, tivemos uma espécie de testemunho do fortalecimento da nossa ligação, uma ligação que remete à descontinuidade e à separabilidade.

Na mesma semana, relatou outro sonho: "Eu estava sendo violentada pelo L. Estava em um lugar escuro, e ele estava por cima de mim, e eu o afastava com a força do pensamento, porque ele era, de fato, muito mais forte. Ele tinha uma cara animalesca. E tudo o que eu podia dizer era: 'Saia daqui! Você não tem nada comigo, saia daqui!'." Ela associa a atração que sentia por esse namorado à atração por arrancar os cabelos. Nesse sonho, o ato do estupro vem como uma representação do apego à excitação e à sensorialidade, que se constituem em um terreno fértil para o domínio do impulso irrefreável de arrancar os cabelos. Esse impulso a invade violentamente, e ela acredita que não tem como enfrentá-lo. Nesse sonho, surge como alternativa a possibilidade de M. usar sua recém-adquirida capacidade de pensar.

Em outro dia: "Eu estava em um carro da marca Volkswagen, modelo Gol, daqueles antigos, quadradinhos, e estava sentada no banco de trás. Duas crianças estavam dirigindo, e eu dizia: 'vocês estão sem cinto de segurança, e está perto da cidade'. Eles diziam: 'Não, a gente sabe!'. E não largavam a direção. Em uma hora em que eles foram pôr o cinto de segurança, consegui tomar a direção. Mas, então, tinham de entrar no carro um monte de bagagem e, ainda, a minha mãe, a T., a C. (as irmãs), o L. (namorado da adolescência) e o C. Eu olhava e pensava que não ia conseguir, que não ia caber. Mas com tudo e todos no carro fomos indo por um caminho que dava em um lugar chamado Alto da Boa Vista, e a estrada para esse lugar é muito íngreme, só dá para ir de caminhão. Fui até lá uma vez fazer uma trilha, até certo ponto, e, então, parei o carro e disse que ia ter de parar, que o motor não dava mais, e iam ter de seguir a pé". Esse sonho parece marcar um momento de mudança: há um lado arrogante, representado pelas crianças, que sabe tudo e quer controlar a situação, mas vai emergindo alguém mais capaz de tomar as rédeas e conduzir aquele conglomerado de objetos e vivências que fazem parte de sua vida. No sonho, representa o amontoado de pessoas e bagagens: está tudo compactado, tudo junto, apertado; todas essas figuras da sua infância e adolescência estão como em um armário velho em que as coisas socadas precisam ser revistas, escolhidas e arrumadas. Quer encaminhar uma integração, uma "boa vista" em sua vida, mas percebe que há uma precariedade dentro de si e muito trabalho pela frente.

Algum tempo depois: "Estava no seu consultório, mas não era aqui, era uma loja que vendia um monte de quinquilharia, sabe?

Daquelas lojas que têm uma porta central e duas prateleiras laterais que ficam cheias de bugigangas? A loja da minha mãe é assim. O divã estava cheio de coisas, e a loja cheia de gente; não tinha lugar para mim, mas você me levava para uma sala nos fundos e me atendia ali. Era uma sala de madeira, eu achava aconchegante, mas tinha a I. pequenininha (sua filha) e a massagista lá. A I. ficava pulando de um lado para o outro, como as crianças fazem, e a D. estava fazendo massagem, incomodava um pouco. Então, a D. enfiou a espátula na minha vagina, e você falou: 'isso não pode aqui!'. Eu nem sentia, percebi quando você falou. Então, eu disse para as duas que seria melhor que elas fossem embora". O que precedeu esse sonho é que eu (analista) havia solicitado um adiantamento de dez minutos em um de seus horários, pois precisava viabilizar o atendimento de outra pessoa no horário seguinte ao seu, o que ela logo percebeu. Ela, então, sonha com essa loja lotada, que lembrava a de sua mãe. Nesse momento do processo, ela estava mais permeável às minhas interpretações, inclusive as transferenciais. Eu disse que poderíamos pensar que ela estava sinalizando que não tinha gostado do meu pedido para adiantar seu horário. E se, por um lado, expressava seu descontentamento diante daquela sala cheia das irmãs que lhe tomavam lugar, em um nível mais primitivo vai pondo em imagens e palavras o que aconteceu com o nascimento da irmã mais nova: perdeu o lugar junto à mãe! Quando M. tinha 2 anos, sua mãe teve de ficar em repouso durante toda a gravidez de sua irmã. Na ocasião, passou a rejeitar o contato físico com a mãe e desenvolveu uma gagueira. Ela ficou aos cuidados do pai – a sala de madeira dos fundos, cheirosa e aconchegante. Mas, lá, vê-se entregue à pressão que esse convívio lhe trouxe em termos de excitação, uma excitação difícil de ser metabolizada por sua mente infantil. E como faz sentido a necessidade de uma interdição organizadora: "isto aqui não pode!".

Enquanto conversamos, ela se lembra de mais um pedaço do sonho: "A I. (sua filha) não morava comigo, mas em um apartamento ali na São Gabriel, e eu falava para ela que precisava tirar as coisas dela de lá para não precisar pagar mais dois aluguéis". Na conversa que se seguiu, pensamos que ela estava mais próxima de um âmago de si mesma e já podia prescindir um pouco das partes mais arcaicas e perversas de sua personalidade, a I. criança e a D. que convidam para algo prazeroso, proibido e custoso. Na segunda parte do sonho, ela comunica que já podia dispensar o segundo apartamento (o custo extra pelo uso dos seus recursos custeando esses prazeres imediatos) porque sentia-se mais integrada.

E, algum tempo depois: "Essa noite tive um sonho muito estranho. Via uma moça de cabelo curtinho, uma moça bem andrógina, adolescente. Não dava para saber se era homem ou mulher. Ela estava grávida; o pai da moça era um ator. Então, parecia um filme, não alguém que eu conhecia! Estava desesperada porque tinha de contar algo ao pai; não era que estava grávida, mas que, além de grávida, era hermafrodita! Ela queria mostrar que tinha um pênis, e eu assistia à cena do desespero dela em querer mostrar aquilo! E, de repente, quem estava na sala de parto e tinha o pênis era eu! E o médico era o que fez o meu parto. Lembro-me de que alguém estava do meu lado, colocando o soro, talvez o F. (ex-marido), e eu falava: 'mas é você quem vai pegar a minha veia?! Cadê o enfermeiro?'. Era uma situação tão precária... Não parecia uma sala de parto, mas um açougue, e tinha um banheiro aberto. Não estava me dando nojo; minha preocupação era o incômodo de ter o pênis ali, aquilo me dava um incômodo, doía. Era uma sensação física. Eu pensava: 'Como é que vai fazer para tirar (o bebê)?'. É como se estivesse me apertando. Não era o incômodo de pensar: 'isso aqui não é meu, é coisa de homem'. Era a sensação física que incomodava! Tinha um pouco de vergonha das pessoas descobrirem que eu tinha aquilo, um pouco de receio. Mas não estava assustada a ponto de querer fugir; o que eu pensava era que aquilo ia me atrapalhar no parto!".

Nesse sonho em que estamos retomando as sessões após as férias, e M. se vê às voltas com a percepção da dependência em relação ao objeto, ela representa uma situação interna em que nega a sexualidade e a criatividade do par. A jovem hermafrodita do sonho é uma bela representação da fantasia onipotente de autossuficiência, em que ela é tudo: homem, mulher e tem o bebê dentro. Nessa condição, ela não precisa de nada e duvida da possibilidade de ser ajudada por outra pessoa. É a falta da vagina que a aterroriza, a falta de uma abertura permeável pela qual possam acontecer trocas. M. representou nesse sonho o imenso incômodo em perceber que poderia precisar, querer estar comigo e dar seguimento (nascimento) à sua análise após a interrupção das férias. Esse sonho é uma representação disso, e, ao trabalhá-lo, pudemos retomar as boas condições para prosseguirmos com sua análise e, ao mesmo tempo, aproximarmo-nos dessa fantasia onipotente de autossuficiência aqui esboçada. Concomitantemente, ela pôde representar nesse sonho sua experiência e fantasia concernentes ao envolvimento com o primeiro namorado, que levou a uma gravidez prematura, aos 16 anos, a um casamento imposto e à interrupção de seus estudos. Foi atuada a fantasia onipotente de poder tudo e ter a sexualidade adulta de forma inocente e, sobretudo, displicente e afrontosa.

Segue-se um período em que pudemos explorar algumas das impressões de sua infância, em particular, perto de seus 2 anos de idade, época em que ficou privada dos cuidados maternos. Desse período em diante, localiza um sentimento de não precisar de ninguém, por meio de uma lembrança que lhe vem à mente: "Eu me lembrei da época em que tinha um poncho vermelho, colocava-o e ia para a casa da minha avó, que morava na mesma rua, a uns 200 metros de casa. Eu pegava o meu ponchinho, uma cesta e, como na história de Chapeuzinho Vermelho, dizia que ia levar bolo para a vovó e saia. Não sei como minha mãe permitia!". Diante dessa lembrança, nós pudemos perceber que ela se vestia com a roupagem de uma menina grande e já possuidora daquilo que justamente precisava: alimento, carinho, conforto. Não é que precisasse, dava! Vemos aí representada mais uma edição da fantasia onipotente de prescindir do objeto. Suponho que tenha se originado quando teve de tomar para si tarefas que seriam do objeto e criar um substituto para a função de pele continente, contando apenas com os parcos recursos de uma criança de 2 anos. Nessa época, também desenvolveu uma gagueira. Fizemos a suposição de que ela retinha algo que não conseguia enunciar, possivelmente ódio, mágoa e ressentimento em relação ao objeto primário.

Em um outro trabalho (Gordon, 2020), relato mais pormenorizadamente o encontro dessa história como uma representação de sua desvalia infantil, que resultou no desenvolvimento das formações de segunda pele, como o uso da inteligência privilegiada, bem como o movimento e o uso dos objetos-fetiche, chupeta, mamadeira e travesseiro, e ainda a capa da primeira infância (o poncho vermelho da Chapeuzinho já crescida), que, como um mantel, passou a contê-la defensivamente. Ela ficou orbitando superfícies, no mundo raso das sensações em que o significado dos objetos é inseparável das qualidades sensoriais, o espaço interno é quase inexistente, as capacidades internas são precárias e a imaginação, pobre. Não havendo espaço interno, a fantasia é encenada concretamente: ela se torna a Chapeuzinho. Com esse artificio, a continência emocional não se desenvolveu a partir de um amadurecimento, mas foi forjada mediante formações de segunda pele; não houve desenvolvimento psíquico decorrente do reconhecimento da importância do objeto primário, da dor da frustração, separação e da elaboração do luto por sua perda.

Durante sua infância, ela obteve alguma organização e coesão egoica por meio desses mecanismos defensivos rigidamente estruturados. Entretanto, no mundo bidimensional, não se concebem mudanças ou separações; a chegada à adolescência, com sua turbulência característica, trouxe ruptura, e uma conduta defensiva mais radical teve de ser acionada: assim emergiu a conduta aditiva de arrancar os cabelos,[6] a herdeira das formações de segunda pele da infância e dos objetos-fetiche.

Essa conduta se instalou de forma radical e essencial; ela trazia coesão ao ego e funcionava como um exoesqueleto. Não se formou a possibilidade de alfabetização de suas sensações; suas emoções lhe eram estranhas, insuportáveis e desorganizadoras. O apego a essa conduta aditiva era o seu antídoto.

Considerações finais

Acredito que o relato desse caso tenha ilustrado algumas das ideias apresentadas sobre o funcionamento psíquico aditivo e o papel do terapeuta nessa dinâmica. Como afirmei anteriormente, suponho que existam semelhanças significativas no funcionamento psíquico daqueles que recorrem às condutas aditivas, muito embora também possam existir diferenças e particularidades não apenas nas diversas formas de adicções, mas, ainda, naquilo que faz de cada funcionamento psíquico um funcionamento singular. Acredito,

---

6 Nessa época também veio à tona a lembrança de arrancar os matinhos do jardim com a mãe quando tinha por volta de 6 anos. Essa era uma atividade que faziam juntas e que trazia de volta o companheirismo que sentiam, bem como a ideia de que o jardim deveria estar "limpo" de ervas daninhas. Supomos que, no início da adolescência, esse mesmo jardim, ou essa mesma mente, estivesse sujo com muitas ideias ligadas a toda modificação física pela qual estava passando.

entretanto, que devamos continuar a buscar denominadores comuns que nos auxiliem no exercício terapêutico de nossa prática.

Proponho que condutas aditivas se desenvolvam como uma formação defensiva, resultante de perturbações no vínculo primário. Tais perturbações levam não ao desenvolvimento da pele psíquica e da contenção emocional que esta propicia, mas a formações de segunda pele com o propósito de dar coesão egoica e fazer frente às intensas ansiedades do início da vida mental. As formações de segunda pele conferem a condição de pseudoindependência, substituem a dor e o luto pela perda do objeto primário, e resultam em que se fique aderida alucinatoriamente a este. Sob tal conjunção, não se criam condições para a percepção da relação de dependência, separabilidade e alteridade, tampouco como possam se desenvolver os processos de simbolização, pensamento e a evolução das dimensionalidades (Meltzer, 1979) da relação sujeito-objeto.

A constelação de fenômenos que compõem a bidimensionalidade perdura, e a ligação adesiva com o objeto predomina. Pode-se dar o processo de degradação do objeto interno e sua substituição pelo objeto aditivo, que é compulsivamente buscado para evitar frustração e dor mental. Observamos que os recursos que haviam se desenvolvido em termos de continência emocional, ainda que parcos, perdem-se com a recorrência contínua aos objetos aditivos. Concomitantemente, temos a ação de fantasias onipotentes de negação da dependência de objetos vivos e com alteridade. Essas fantasias não são experimentadas em um mundo interno, que pouco se constituiu e/ou se degradou, mas são atuadas em um devir de negação da passagem do tempo e da finitude. Com a falência de tais fantasias onipotentes, pode se instalar de forma soberana a conduta aditiva.

Uma última palavra sobre a técnica: é de fundamental importância o estabelecimento de um forte vínculo entre a dupla que é intensamente combatido, mas que deve ser mantido e carregado pelo terapeuta por muito tempo, até que o paciente possa fazer a sua parte. Nos primeiros anos, a ênfase é acolher os afetos, tolerar a agitação e os estados mais ligados ao sensorial. Nessas circunstâncias, é de fundamental importância a capacidade de continência do analista, que precisa perceber, acolher e transformar, por meio de sua *revérie*, o que é expresso no campo, muitas vezes mediante *enactments*; nomear e aos poucos transformar tais conteúdos em pensamentos comunicáveis e passíveis de serem recebidos no momento apropriado. Até que este processo de constituição da mente esteja mais evoluído, as interpretações transferenciais e de conteúdo não são bem-vindas ou úteis. De uma forma geral, elas simplesmente são rejeitadas por não fazerem qualquer sentido, mas pode haver ainda a mera apropriação racional do que é comunicado, sem que a experiência afetiva tenha sido vivida e transformada pela dupla.

Com muito trabalho analítico e alguma sorte, a dupla poderá observar uma mudança paulatina nos investimentos afetivos com um enfraquecimento dos objetos aditivos até sua progressiva extinção.

Referências

Barros, I. G. (2013). Os primórdios da estruturação psíquica como se apresentam na clínica. *Bergasse 19*, *IV*(1), 16-36.

Barros, I. G. (2020) Comentários sobre o artigo "Viver sozinho, sem ter aprendido a sambar: uma contribuição para o estudo das adições" na SBPSP, em 20 de novembro de 2020.

Bick, E. (1968). The Experience of the Skin in Early Object Relations. *International Journal of Psycho-Analysis*, *XLIX*, 558-566.

Bick, E. (1987). A experiência da pele em relações objetais arcaicas. *Jornal de Psicanálise, 20*(21). (Trabalho original publicado em 1968).

Bick, E. (1986). Further Considerations on the Functioning of Skin in Early Object Relations: Findings from Infant Observation Integrated into Child and Adult Analysis. *British Journal of Psychotherapy, II*, 292-299.

Bion, W. R. (1962). Learning from experiences. London: Karnac Books.

Bion, W. R. (2000). *Cogitações*. Rio de Janeiro: Imago. (Trabalho original publicado em 1965).

Ferro, A. (2009). Transformações em sonho e personagens no campo analítico. Reflexões preliminares sobre diferenças entre os modelos teóricos em psicanálise. Trabalho apresentado no Congresso da IPA, em julho de 2009.

Ferro, A. (2013). *A técnica na Psicanálise infantil - A criança e o analista: da relação ao campo emocional*. Imago.

Fonagy, P., & Target, M. (1996). Playing with reality: I. Theory of mind and the normal development of psychic reality. *International journal of psycho-analysis, 77*(Pt 2), 217-233. PMID: 8771375.

Gordon, A. R. (2009, Abril/Maio). "Só quero saber do que pode dar certo, não tenho tempo a perder!" Ou, uma tentativa de compreender uma paciente que arranca os cabelos. Trabalho apresentado no XXI Congresso Brasileiro de Psicanálise no Rio de Janeiro.

Gordon, A. R. (2011). Do retiro na tricotilomania ao mundo das trocas objetais. *Jornal de Psicanálise, 44*, 177-192.

Gordon, A. R. (2020). Viver sozinho, sem ter aprendido a sambar: uma contribuição para o estudo das adições. Trabalho apresentado em Reunião Científica da Sociedade Brasileira de Psicanálise em 20 de novembro de 2020.

Griffiths, M. (2004). Sex addiction on the Internet. *Janus Head*, *7* (1), 188-217.

McDougall, J. (1997). As neonecessidades e as sexualidades aditivas. In *As múltiplas faces de Eros: uma exploração psicanalítica da sexualidade humana*. São Paulo: Martins Fontes.

Meltzer, D. (1975). Adhesive Identification. *Contemporary Psycho-Analysis*, *11*, 289-310.

Meltzer, D. (1979). La dimensionalidad como un parámetro del funcionamiento mental: su relación con la organización narcisista. In D. Meltzer, J. Bremner, S. Hoxter, D. Weddell & I. Wittenberg, *Exploracion del autismo: un estudio psicoanalítico* (pp. 197-209). Buenos Aires: Paidos.

Morgan, D. (2021, March). Blowing or Having a Mind. Addiction to minus K. In *Addiction Pandemic? Attachment, Desire and Chemical Distrations. A Multidisciplinary Conference on Addictive Behaviour and the Possibilities of Treatment*. London:# Freud Museum.

Parada Franch, N. J. (2015). A constituição do espaço psíquico e a mente primitiva. Trabalho apresentado no XVIII Simpósio do Núcleo de Infância e Adolescência da Sociedade Psicanalítica de Porto Alegre em maio de 2015.

Rodríguez de la Sierra, L. (2013). A Neglected Field. In M. Bower, R. Hale & H. Wood (Eds.), *Addictive States of Mind* (The Tavistock Clinic Series). London: Karnac Books.

Winnicott, D. W. (1971). Transitional objects and transitional phenomena. In *Playing and Reality* (pp. 1-25). New York: Basic Books. (Trabalho original publicado em 1953).

Woods, H. (2013). The Nature of the Addiction in 'Sex addiction' and Paraphilias. In M. Bower, R. Hale & H. Wood (Eds.), *Addictive States of Mind* (The Tavistock Clinic Series). London: Karnac Books.

Zusman, J. C., MD. (2021). Between Dependency and Addiction. *The Psychoanalytic Study of the Child*, *74*(1), 280-293.

6. Dores mudas: a função materna do analista na construção da capacidade simbólica do paciente

Victoria Regina Béjar

Neste Capítulo, pretendemos discutir as questões que envolvem os traumas precoces da relação mãe-bebê e suas consequências nas relações intrassubjetivas e intersubjetivas da vida do indivíduo, assim como suas frequentes manifestações comportamentais e somatizações. Ilustramos com o caso clínico de um paciente com um alto nível intelectual, executivo, que apresentava altos níveis de angústia e um comportamento agressivo que comprometia seu contato pessoal e profissional. Fazia uso de drogas pesadas e acabou vítima de um acidente vascular cerebral hemorrágico, que afetou substancialmente a parte motora. É um fato importante de ser salientado: a passagem de um transtorno de comportamento para uma somatização grave. Na nossa experiência psicanalítica, ficou clara a importância da função continente da analista e a importância da contratransferência na construção dos déficits da capacidade simbólica.

O uso frenético de substâncias lícitas e ilícitas, a eleição da necessidade excessiva de sexo, grande parte do tempo preenchido por videogames, internet etc. têm como objetivo anestesiar as dores da alma. Traduzem as dificuldades do indivíduo de poder reconhecer, nomear e pensar suas dores emocionais. Inconscientemente seu objetivo é negá-las, cindi-las, separá-las, arrancá-las de si mesmo, enfim, deixá-las mudas. De fato, não consideram que se trata de dores, pois o que vivenciam é uma angústia desafiadora, imensa, que pressiona não somente o emocional, mas se manifesta em todo o corpo, faz doer o peito e arremessa a um funcionamento compulsivo, como o que pode ser observado nas adicções.

Considerações psicanalíticas

Freud (1895/1894), quando descreveu as psiconeuroses e as neuroses atuais, introduziu as questões somáticas, mas se fixou no que era do seu maior interesse: provar a existência do psiquismo. Com a neurose de angústia, introduziu os sintomas somáticos por esse tipo de angústia localizada no corpo, que não tem tramitação psíquica, afetiva. Em decorrência de a excitação sexual somática não poder atingir as representações recalcadas devido a falhas do funcionamento psíquico, ela fica estagnada no corpo e é transformada em angústia. É consequência das falhas do funcionamento psíquico, decorrentes das matrizes traumáticas precoces que permeiam o desenvolvimento egoico por falhas principalmente da função de paraexcitação materna (Marty, 1988/1995b).

Há três vias de escoamento da excitação sexual somática: a psíquica – via por excelência, por meio da capacidade de simbolização; a comportamental; e a somática.

Após nascer, o bebê é açoitado por inúmeros estímulos internos e externos que necessitam da função paraexcitante materna para que sejam acolhidos e transformados (Marty, 1988/1995b). Ambas as funções de paraexcitação e de libidinização constituem o que Pierre Marty denominou função materna, da qual o bebê depende tanto para acalmar as excitações quanto para ser investido libidinalmente para que o narcisismo primário se constitua. Quando a relação mãe/bebê evolui a contento, instala-se o núcleo narcísico e a função de paraexcitação é internalizada. Bion (1962/1967, 1963/1991) denominou esse encontro mãe/bebê de experiência emocional, na qual a função continente/contido se constitui, e os elementos beta serão transformados em elementos alfa por meio da tela alfa materna, que posteriormente será internalizada no bebê. Winnicott (1978), por sua vez, descreveu a "mãe suficientemente boa", que supre as necessidades biológicas e afetivas do bebê.

As falhas da função materna criam feridas narcísicas que se estabelecem como matrizes traumáticas na organização egoica. Comprometem a confiança no objeto primário, o que provoca prejuízos significativos da fase de separação/individuação e de subjetivação. O objeto primário será introjetado como não confiável, frágil, e a relação afetiva do bebê consigo mesmo ficará bastante comprometida, criando falhas no desenvolvimento egoico, vivenciadas como vazios.

Roussillon (2004, p. 1) aborda as falhas narcísico-identitárias ou de subjetivação, em decorrência das falhas na fase da dependência puramente subjetiva, que "aparecem como condições '*sine qua non*' do sentimento de ser ou de continuidade de ser". Tal outro, tal objeto, tal droga, tal comportamento parecem ter se tornado componentes essenciais da identidade do sujeito, completamente indispensáveis à sua organização, até mesmo de sua coesão narcísica. É o campo das adicções.

A energia que percorre o corpo foi denominada por Freud (1976/1905) de excitação sexual somática, a qual se ancora nas representações recalcadas dos objetos primários, embebidas de afetos e desejo, gerando no ser humano a busca de investimentos libidinais em relações afetivas com objetos da realidade externa. Porém, se há feridas narcísicas, estas comprometem o fluxo da excitação sexual somática, a qual fica detida e estagnada no corpo, sendo transformada em angústia. O indivíduo pode tentar se livrar dessa angústia por comportamentos violentos que, por sua vez, podem finalmente desembocar em somatizações graves.

M'Uzan (1972) denominava esses indivíduos como "escravos da quantidade", pois se utilizam de reações violentas de comportamento para tentar se livrar da angústia. Para que os investimentos narcisistas vitais e o sentimento de identidade se preservem ao máximo possível, a descarga de excitação tem que ser brutal e, mediante a passagem da violência ao ato, proporcional às quantidades de excitação postas em jogo (p. 162). O ato em si significa que não é possível haver elaboração psíquica. Quando em um ato a função significante é eclipsada pela evacuação da quantidade, é impensável que haja desejo e conflito. Outra saída para o afluxo traumático de excitação é o desenvolvimento quase mudo de uma somatização severa. De fato, tudo se apresenta como se a somatização fosse o equivalente ao ato involuntário. Dependente de uma mesma característica intrínseca, o acúmulo da excitação sexual somática – a violência, a atividade sexual perversa imperativa e a somatização grave – é estreitamente aparentado. As sequelas econômicas de cada passagem ao ato se somam para provocar finalmente alterações biológicas profundas e desastrosas, por exemplo, um déficit imunitário.

Capacidade de simbolização ou mentalização

Para falar sobre o processo de simbolização, Marty (1990/2003a) cria o conceito de mentalização para se referir às variadas dimensões de complexidade do aparelho psíquico, que se encontram relacionadas à quantidade e à qualidade das representações. A mentalização consiste nos processos de transformação e formação de símbolos, que, em seu sentido mais amplo, se refere a duas ideias básicas. Em primeiro lugar, ao processo de transformação. Trata-se de uma atividade do ego pré-consciente que transforma, mantém e elabora experiências somáticas básicas ou de excitação sexual somática/afeto em conteúdos psíquicos. Essa transformação é conseguida graças à atividade de ligação, responsável pelas representações e pelos símbolos, que permite que o indivíduo se liberte da natureza concreta e absoluta das pressões motivacionais primárias (excitação sexual somática/afeto). Em segundo lugar, a mentalização se refere a uma hierarquia teórica de níveis de elaboração psíquica que diferem qualitativamente (Marty, 1990/2003a, p. 53). Assim, Marty enfatiza a importância do pré-consciente, como o local onde as representações coisa se tornam representações palavra. Considera o pré-consciente como o ponto central da economia psicossomática.

Enfatiza que os comprometimentos do processo de mentalização estão associados aos déficits da relação mãe/bebê e à formação das matrizes traumáticas.

> *Excluindo-se as insuficiências congênitas ou acidentais das funções sensório-motoras da criança, que constituem as bases perceptivas das representações (dificuldades visuais, auditivas ou motoras) ou das deficiências funcionais maternas da mesma ordem que as precedentes, influenciada por doenças somáticas da mãe, ou por estados mentais, depressivos, excitados ou pelo comportamento autoritário ou indiferente, trata-se, com mais frequência, da qualidade da relação afetiva da mãe em relação ao seu bebê. Instituem-se então falhas em diferentes níveis da organização progressiva*

> *do bebê e finalmente no âmbito da organização das representações, levando a faltas ou insuficiências na aquisição de representações palavra ligadas a valores afetivos e simbólicos. (Marty, 1990/2003a, p. 53)*

Para Marty (1990/2003b), a formação do pré-consciente se dá por meio do processo das inscrições mnêmicas das percepções de uma mesma época, da formação das representações correspondentes e das relações entre elas. Formam-se camadas transversais cada vez mais complexas, que se acumulam cronologicamente. Estabelecem-se também ligações longitudinais entre as representações das diferentes épocas. A disponibilidade dos movimentos psíquicos de associações entre os enlaces transversais e os longitudinais das representações corresponde à fluidez da circulação pré-consciente. As insuficiências quantitativa e qualitativa acompanhadas de déficits afetivos das representações psíquicas formam *lacunas fundamentais*. Esses déficits obedecem às deficiências congênitas ou acidentais das funções sensório-motoras do bebê ou da mãe, porém, na maioria das vezes se devem aos excessos ou às carências do acompanhamento afetivo materno.

Na clínica, manifestam-se diferenças marcantes quanto à quantidade e à qualidade das representações. Às vezes, as representações parecem ausentes. Em outras, embora carregadas de conteúdos verbais, as representações parecem superficiais e limitadas, reproduzindo diretamente percepções vividas na realidade externa. As palavras parecem reduzidas a estados de coisas. Marcas mnêmicas eventualmente puras são pouco sujeitas à associação de ideias. São meros testemunhos dos acontecimentos. Observamos a ausência ou a limitação e superficialidade das representações, reduzidas a representações coisa, a redução dos afetos às simples coisas em questão e falta de simbolização do discurso.

Entretanto, é admirável como são capazes de levar uma vida eficaz e satisfatória, às vezes enriquecida por expressões sublimatórias, inclusive artísticas, e definitivamente não encontram outras possibilidades de traduzi-las no atual e nos movimentos inconscientes. Essa situação pode decorrer de fracassos do desenvolvimento ou ser consequente de um processo regressivo.

Função materna e matriz traumática

Marty (1988/1995b) detalha as dimensões da relação mãe/bebê e substitui a noção de imago pela de função materna, pois confere relevância significativa aos processos de introjeção e de retenção, que vai além da imago parental. Há duas dimensões essenciais na função materna: a paraexcitação e a libidinização.

> *A paraexcitação consiste na existência de um apoio externo vigilante aos movimentos evolutivos e contraevolutivos e o aporte de excitações e de paraexcitações. Inicialmente as aquisições do latente se resumem às marcas mnêmicas inconscientes (fixações) filogenéticas e hereditárias. A potência dos instintos de vida é considerável durante o desenvolvimento... Há uma tendência espontânea à organização na grande maioria dos latentes. As situações externas desfavoráveis são capazes de travar, em alguns casos, a partir de fixações precoces demasiadamente intensas, a evolução posterior do sujeito e das suas funções mentais em particular... São essencialmente as paraexcitações, a proteção contra a afluência de excitações internas (fome, sede) ou de excitações externas (ruído, calor frio que impedem o*

> *sono, p.ex.) as que devem encontrar-se postas em prática. (Marty, 1988/1995b, p. 148)*

A dimensão de paraexcitação da função materna é fundamental para a organização econômica da estruturação psicossomática do indivíduo.

> *Idealmente a mãe investe afetivamente, nem por excesso nem por defeito (graças à regulação das excitações e para excitações), cada um dos sistemas funcionais (respiratório, alimentar, de excreção, do sono, p. ex.) de seu bebê e desinveste esses sistemas para paulatinamente abandonar a regulação do bebê à medida que introjeta a função de paraexcitação. (Marty, 1988/1995b, p. 148, nota de rodapé)*

As características mais importantes da função materna são a apreciação afetiva das necessidades e desejos do latente, que surge dos sinais percebidos, graças a uma profunda identificação materna com seu bebê e a regulação dos tempos e modos de intervenção ao nível das múltiplas comunicações com o bebê. Entram em jogo fatores relacionados com a elaboração mental da mãe, suas projeções e suas outras organizações relacionais, na aventura da função materna. As dificuldades e suas soluções determinam em grande medida, além do porvir de várias funções, entre as quais as relacionais, particularmente importantes, também o futuro do aparelho para excitatório do próprio sujeito.

Os déficits relacionais mãe-bebê comprometem a internalização e a retenção dos objetos. Para os neuróticos seus objetos são permanentes, confiáveis, porém, para os não neuróticos os objetos são menos confiáveis, pois desaparecem quando surgem situações traumáticas. A dificuldade de internalização e retenção dos objetos está profundamente relacionada com déficits da função materna, do sistema de paraexcitações e/ou dos investimentos narcísicos, além da qualidade do tempo e do lugar, isto é, dos períodos de ausência toleráveis ou não e da intensidade das fixações. A insuficiência das interiorizações e a fragilidade das retenções podem provir da ausência de fixações apoiadas na sensório-motricidade mental, como consequência do exagero das excitações traumáticas desorganizadoras provenientes de várias circunstâncias ou por insuficiência do sistema de paraexcitação materno. Ao inverso, ausências de fixações da mesma ordem provêm da assepsia do ambiente do bebê devido ao excesso do sistema de paraexcitações materno, que não permite a instauração suficiente de conflitos, levando a fixações exacerbadas dos sistemas sensório-motor, que não entram em jogo na evolução da linha mental e que, por isso, danificam o total desenvolvimento psíquico. Finalmente, uma mistura de todas essas possibilidades.

O narcisismo primário é um pressuposto teórico indispensável para a coerência freudiana da vida pulsional do bebê. Representa o estado ao qual retornam os investimentos narcisistas secundários, particularmente no curso dos processos de dessexualização. É o resultado dos investimentos eróticos das funções somáticas, dos autoerotismos primários e da coexcitação libidinal. Se o desenvolvimento dos autoerotismos está dinâmica e economicamente ligado às relações precoces com a mãe/mulher, a coexcitação libidinal está associada, de acordo com Freud, a um determinismo interno de ordem fisiológica que se esgota com o tempo. Portanto, o narcisismo procede de duas fontes: uma interna, a coexcitação libidinal; e outra externa, os investimentos maternos (função de libidinização).

Os investimentos maternos de natureza narcísica, a função de libidinização, tem, antes de tudo, como finalidade o bom funcionamento do soma do latente. No exercício da função materna, a mãe conduz o corpo do bebê ao silêncio e ao inconsciente. No que diz respeito à criação das bases narcísicas do seu bebê e da evolução à estruturação da sua organização edípica, a qualidade dos cuidados maternos também depende da censura da mensagem de castração que a mãe transmite ao bebê. A mensagem materna de natureza verbal constitui classicamente o primeiro tempo do complexo de castração.

Após o período inicial, no qual a mente materna é ocupada somente pelo bebê, iniciam-se movimentos de alternância entre o investimento afetivo do bebê e o investimento afetivo no companheiro. Fain (2001) denomina "censura da amante" esse movimento evolutivo da introdução na relação mãe-bebê do pênis paterno, o édipo precoce. Enfatiza que o valor estruturante da mensagem materna de castração depende antes de tudo das atitudes de ternura e inquietação que a mãe, em sua atenção vigilante, dirige ao seu bebê. Desse modo se estabelece uma relação entre a qualidade da organização edípica da mãe, e particularmente de seu superego, e os suportes narcisistas e pulsionais do bebê. A função materna repleta da riqueza dos investimentos narcisistas e libidinais da mãe permite que o corpo erótico possa emergir do corpo somático, constituindo-se o narcisismo primário. Quando deficiente, pode comprometer a evolução pulsional do bebê e enviá-lo para vias econômicas, nas quais o comportamento e as somatizações terão lugar predominante.

Experiência clínica

Quando o analista se depara com um paciente que se comunica por atos impulsivos repetitivos e violentos, e somatizações, encontra dificuldade em estabelecer uma conversa analítica clássica, de trabalhar inicialmente com a associação livre e a interpretação. O paciente pode falar muito, mas são falas vazias e compulsivas, repetitivas, descritivas de acontecimentos, pobres em afeto, que geralmente desembocam num silêncio ou no comentário "não sei o que falar com você".

As reações contratransferenciais do analista poderão ser intensas, principalmente corporais, provocando sono, distração, sensação de que o tempo não passa, de que se ausentou.

Portanto, ao iniciar o atendimento dessas pessoas, serão necessárias algumas adaptações técnicas, a fim de que o vínculo afetivo seja construído. É importante que o paciente possa ver o analista, pois a possibilidade do olho no olho é que poderá instalar o vínculo afetivo e fazer nascer a confiança na relação analista/analisando; e que o analista esteja atento ao discurso do paciente, devendo intervir caso se instalem longos silêncios. O analista poderá ter uma atitude mais ativa, que Marilia Aisenstein chamou de "a arte da conversação".

Chamam a atenção do analista as descrições objetivas que certos pacientes fazem do seu dia a dia, caracterizados pela objetividade, pela relevância dos aspectos práticos e concretos dos acontecimentos vividos, com pouca ou escassa repercussão afetiva, como uma repetição compulsiva.

> *acordo sempre às cinco da manhã para preparar o café dos meus filhos, levá-los à escola e me dirigir ao trabalho. Deixo tudo organizado de véspera para não me atrasar: as lancheiras, a mesa do café da manhã. No trabalho, faço questão de chegar pontualmente. Sou admirada pelos meus colegas e chefes, graças à minha prontidão e meu desempenho. Meu chefe me pede muitas tarefas diferentes, que procuro fazer com perfeição.*

Sou bastante solicitada por causa da minha eficiência. Não tenho tempo para dar atenção ao meu cansaço, que chega a ser extremo...

Descrevem a vida com objetividade, como se contassem a vida de outra pessoa ou um filme a que tivessem assitido. Extremamente racionais, as inflexões afetivas são pouco frequentes ou até mesmo ausentes. É a pobreza de conteúdo afetivo que revela a depressão essencial, e a importância que aferem ao comportamento, às atividades e ao desempenho constante de tarefas revela o funcionamento operatório. A complexidade do mundo mental e os afetos produzidos pelo inconsciente parecem não existir.

Os fatores traumáticos precoces comprometem, além da qualidade da mentalização, a constituição do narcisismo primário e o processo de recalque primário, que geram diversos déficits na estruturação do aparelho psíquico. Em decorrência das falhas da constituição do narcisismo primário, a realização alucinatória do desejo, o autoerotismo e a vida de fantasia não se instalam, dado que não encontram as bases narcísicas necessárias. O narcisismo patológico associado à pulsão de morte desintrincada leva à destrutividade. São as bases do funcionamento operatório.

A experiência clínica com as configurações não neuróticas nos confronta com peculiaridades que podem ser observadas no funcionamento operatório. São pacientes que nos dão a impressão de possuir ótima adaptação social, ser profundamente racionais; eles ocupam altos cargos em grandes empresas, não apresentam uma desorganização neurótica ou psicótica, mas o desvio em relação à norma pode aparecer exclusivamente ligado a anomalias somáticas. A vida é preenchida por compromissos que devem ser cumpridos com perfeição, a despeito de todas as formas de sacrifício próprio e pessoais. No funcionamento operatório os afetos estão quase totalmente suprimidos, há uma certa frieza afetiva, um resfriamento que indica a presença da depressão chamada essencial, caracterizada pela ausência de expressividade, ao contrário dos demais quadros depressivos, geralmente barulhentos. Não é exclusividade das somatizações. Podemos entrar em estado operatório quando vivenciamos circunstâncias traumáticas, e, nesse caso, o funcionamento é reversível. Já no desligamento psicossomático, a vida é que passa a ser operatória. Aqui, sua função é defensiva contra a pobreza e precariedade do aparelho psíquico.

Para manter as peculiaridades da vida operatória, são utilizadas manobras defensivas, entre elas a defesa fálico-narcísica, que sustenta a hiperatividade e tem como função o contrainvestimento do desamparo infantil. O núcleo do ego pouco energizado necessita ser libidinizado pelo meio ambiente para manter um mínimo de investimento narcísico. O empobrecimento global da vida emocional é decorrente dos ataques destrutivos às redes representacionais. Tal destrutividade é decorrente dos ataques realizados pela pulsão de morte desintrincada associada ao narcisismo patológico.

O desligamento psicossomático e o processo mais grave da desorganização progressiva, a destrutividade advinda do narcisismo patológico e do instinto de morte, atacam e destroem as redes representacionais, levando a um grave empobrecimento psíquico. Esse processo é semelhante ao conceito descrito por Green (1990) como função desobjetalizante.

A defesa fálico-narcísica, diante da fragilidade narcísica, é decorrente do comprometimento da constituição do narcisismo primário, em consequência das falhas na função materna. O desamparo e o abandono levam à prematuridade do ego (Fain, 2001), que precisa se desdobrar para sobreviver. O excesso de tarefas funcionava como um tampão, um excesso do agir para lidar com o excesso de angústias, um agir compulsivo, expulsivo. Instaura-se o que Fain (2001) denomina narcisismo de comportamento caracterizado pela defesa fálico-narcísica.

A trama da prática analítica

A tônica da vida de João são os excessos

Vou relatar algumas sessões da experiência analítica com um paciente que havia feito uso de drogas pesadas diariamente, tinha compulsão sexual, comportamento agressivo e que, posteriormente, sofreu um acidente vascular cerebral.

Observei, na descrição que João fazia de sua vida, como esta era marcada pelos excessos, pela intrusividade. Sua vivência era de que não tinha permissão para viver a não ser correspondendo aos ditames maternos. João vem à entrevista marcada por sua mãe, porque ela acha que ele precisa de psicoterapia, devido à sua situação atual. Há pouco tempo sofreu um derrame, que lhe impõe grandes restrições motoras.

No nosso primeiro encontro diz que veio devido à insistência da mãe, uma imposição materna, embora não veja em que uma análise pudesse ajudá-lo, já que o que ele precisava era de muita fisioterapia e fonoaudiologia, porém, João não falta. Está presente nas sessões. Explica que paga e que faltar seria jogar dinheiro fora. João expressa da maneira peculiar a repetição à compulsão presente no funcionamento operatório: conta repetidas vezes o que faz, os exercícios de fisioterapia e de fonoaudiologia, suas brigas com sua mãe. É bastante agitado, sua fala é rápida, inquieto, cruza as pernas, se estica, se espreguiça. Ouve minhas intervenções, responde com "pode ser" ou "você tem razão", mas aí fica, não há associação de ideias ou demonstração de emoção.

Seu estado hipomaníaco serve como tampão para a situação angustiante e depressiva na qual se encontra. Nossos encontros são monólogos, parece que não estou ali, me sinto deixada de lado e depois de certo tempo observo que de fato não existo para ele.

João era muito inteligente, executivo com cargo importante na empresa, trabalhava catorze horas por dia, ganhava um alto salário. Quase não dormia, contava que precisava puxar um fumo para poder relaxar e conciliar o sono (ficava imaginando que devia haver outras drogas também). Outro modo de tentar relaxar era uma atividade sexual exagerada. Após sua companheira ficar exausta, João se masturbava até se sentir relaxado. A academia era outra das manobras para se livrar da turbulência interna, das angústias inomináveis. O uso das drogas ficou cada vez mais presente e necessário para que João desempenhasse seu dia a dia. Suas atitudes agressivas com os funcionários e mesmo com os clientes criaram dificuldades no trabalho e queda da produtividade.

Do comportamento hipomaníaco ao casulo da paralisação

Na primeira sessão, recebo um homem com cerca de 40 anos. É alto, corpulento. Observo sua dificuldade para andar e falar.

Senta-se na poltrona. Está agitado, acelerado. Começa a falar sobre o que pretende fazer da sua vida: arrumar uma mulher, casar-se, voltar a trabalhar. Diz que gosta muito de falar e que a terapia precisa ser um lugar de conversa. Mas reclama: "Do jeito que estou, será que vou melhorar? Será que vou conseguir?"

Penso que, enquanto descreve seu futuro com fantasias em um alto grau de idealização em relação à recuperação, está falando sobre sua vivência de enorme desamparo, assim como da grande frustração com relação ao seu estado de saúde. Em outra sessão me contou que ficou paralisado, mas com muito esforço e fisioterapia voltou a andar e falar, embora com muita dificuldade.

> A – Imagino como você se sente desamparado e frágil, mas você me contou sobre como tem se recuperado, seu progresso.
> P – Os médicos dizem isso, mas eu quero saber como vou ficar.
> A – Você está falando da sua frustração e de como é duro não saber até que ponto vai ser sua recuperação. É preciso esperar para ver o que vai acontecer e isso é muito difícil para você.
> P – Mas eu sei!!!! Dra., eu deixei de fumar maconha um ano antes do derrame. Eu queria mudar (esboça um sorriso): mas é bom ter prazer, só que não quero me casar, não quero mais trabalhar como antes. Quero recomeçar a vida, mas com 27 anos. Não mais drogas, sexo exagerado, trabalhar demais!
> A – Você gostaria de levar outro tipo de vida, de passá-la a limpo.
> R – Não, mas eu já tinha mudado antes do derrame; parei de usar drogas, me separei, porque não gostava do jeito que ela me tratava, me paparicando muito, comprando coisas pra mim, até pasta e escova de dentes, sabe pra quê? (Aponta o bolso). É só nisso que as pessoas pensam. Não quero mais ter mulher; filhos nem se fala, não quero. Agora preciso voltar a trabalhar, gosto de ler, de falar, fui gerente de vendas da ... Tinha equipe... Projeto mensal de vendas era de 45 milhões e eu conseguia...

> A – Você sonha em como vai ser sua vida de agora em diante, como vai se reestruturar, e fica muito aflito, se as coisas vão sair do jeito que você planeja...
> P – É isso mesmo, não posso trabalhar mais tanto quanto antes... Mas, do jeito que estou, não consigo falar direito nem andar, como vou voltar a trabalhar? Mas eu sei, sim, já tenho tudo planejado e vou seguir direitinho. (Repete os planos).

Nesse encontro, minha vivência com ele é que se acha blindado por seu racional, esboça poucas emoções. Observo que no máximo esboça um sorriso sarcástico, mas é difícil me escutar. Contradiz-se. O clima é deliroide, angústia profunda, a maior parte do tempo recorda-se de como foi sua vida, tenta preencher o futuro com o passado conhecido, as mudanças que está tendo de enfrentar, seu corpo que o encarcerou em limitações. Quer determinar como vai viver quando terminar o tratamento neurológico. Quase uma fabulação, só que no futuro.

No encontro predominou sua fala, repetições de como não quer mais viver e do que quer poder viver. Mas as ideias são frouxas e contraditórias.

O homem-bomba

Chove. Chega cerca de dez minutos atrasado; vem andando de casa até o consultório. Acomoda-se e diz: hoje eu quero ouvir, não vou falar, só ouvir. Deus me deu dois ouvidos para escutar.

Essa sua fala confirma que pouco me escutou na sessão anterior.

> A – Você está se queixando da última sessão, acha que pouco falei, foi você que mais falou!
> P – É isso mesmo!
> A – Você tem ideia de por que falou tanto?
> P – Porque gosto de falar, falo muito mesmo... sou assim. Na cabeça da gente tem id e superego.
> A – Tenho a impressão de que falar muito está relacionado com seu estado de um grande desconforto interno e que tenta se livrar dele falando.
> P – (Sorri e diz:) Pode ser... Mas eu não entendi, sou assim...
> A – Você está quase reclamando de um modo de falar difícil de controlar, você não consegue parar, ouvir.

Conseguimos conversar sobre seu discurso compulsivo, ligado a um desconforto imenso – angústia difusa. Tenta se livrar dela expulsando-a, repetindo coisas.

Comento se tem maneiras de lidar com o exagero de sua vida – trabalhar muito, sexo exagerado e promiscuidade, drogas, maconha diariamente, cocaína –, se não teria a ver com essa tentativa de se livrar de um enorme desconforto interno...

Enquanto falo, ele me olha, observa, ouve e retruca:

> P – Você é muito inteligente, mas tudo que eu fazia é porque me dava muito prazer... (Sorri) O que eu queria era o prazer, maconha dá prazer (larga o corpo na poltrona como se estivesse relaxado), maconha me relaxava, sexo é maravilhoso, mas eu precisava de muito, também dá prazer e relaxa... Só que eu também trabalhava muito, catorze horas por dia.

Conta a respeito de quando seus pais foram morar no interior com sua irmã e ele precisou ficar em São Paulo, não pôde ir junto porque já trabalhava aos 17 anos. Precisou se virar, mas foi crescendo profissionalmente, até ser diretor de vendas de várias multinacionais.

> A – Abandonado pelos pais, que se mudaram e te deixaram, foi assim que você viveu... angustiado pelo abandono e desamparo.

Olha-me prestando atenção. O clima do encontro se aqueceu...

> P – Mas eu sempre me virei!
> A – Sem dúvida, você tem recursos, é inteligente, progrediu na vida profissional, estou tentando conversar com você sobre como fica fácil confundir recursos com onipotência.
> P – Mas eu não sou onipotente...
> A – Todos somos! A onipotência é uma fantasia que não abandonamos, mas quando se é adulto atrapalha... Serve para uma criança pequena, para ela poder ter coragem de ser curiosa, andar etc., se não pensasse que pode tudo, se não funcionasse de forma onipotente...
> P – Eu nunca pensei nisso, mas é muito bom mesmo (fala rindo), poder ter prazer, muito prazer... drogas, sexo e *rock and roll*!!!!
> A – Você não estava contando que seu corpo tivesse limites, que pudesse adoecer...
> P – Mas eu não sou onipotente...

> A – Está se sentindo impotente agora... Na onipotência, não necessita cuidar de si mesmo, se abandona... se aflige, dói.
> P – Sou um homem-bomba aqui (aponta a cabeça).
> A – O que é homem-bomba?
> P – É explodir, acabar com tudo, como aconteceu no derrame... Explodi por dentro...
> A – Quer saber se pode contar comigo, pra te ajudar a não explodir novamente...

Na noite dessa sessão me escreveu uma mensagem:

> Aquilo q [*sic*] façamos, uma supervitamina... químico, natural, destilados. Faz um super deprimidos A louca (loucura?) vai e a realidade pouco a pouco te mostra e a realidade carente, é sim careta. Nos faz realmente o super ser humano. Com a nossa cara e coragem limpos e olhos nos outros, preconceito não e sim, perdão, sim, amor e não prazer, é muito rápido... mais rápido que a vontade de ter prazer. Pense nisso, reagem a paz e saudade (corpo, mental, alma, viver em harmonia).

Parece que essa mensagem anunciava um forte vínculo afetivo, foi embora, mas a sessão continuou dentro dele.

No decorrer do tempo, suas sessões variavam entre aquele que podia tudo e sua extrema impotência e desamparo. Raramente faltava.

Então, tudo mudou aqui...

Tirei dois períodos curtos de férias, devidamente avisadas com antecedência.

Quando retomamos queixa-se de estar deprimido, não conseguir dormir, agitado.

> A – Será que esse jeito não estaria ligado à falta que sentiu de mim?

Outro aspecto importante que o deixou muito frustrado foi encaminhá-lo ao psiquiatra para ser medicado. Nesse dia me disse "então tudo mudou aqui"... Posteriormente conversamos sobre o assunto e o quanto essa atitude o decepcionou e me tirou do trono onde eu vivia como perfeita. Negar as receitas e encaminhá-lo é uma frustração enorme.

Pouco depois começa a faltar com frequência, no entanto não perdemos o contato, pois me avisa sempre quando vai faltar e tem uma justificativa. Vem a uma sessão, falta duas. O tema do psiquiatra, da necessidade de procurá-lo e sua frustração por eu não poder medicá-lo é recorrente e para ele isso significa ser abandonado.

Na segunda semana de dezembro vem às duas sessões e avisa que só voltará depois das férias de fim de ano.

Os temas das sessões são a depressão diante do seu estado, das suas limitações e, na última sessão, refere que melhorou muito, que não sabe como estaria diante dessas dificuldades se não fosse a análise; que o ensinei sobre o lado tirânico e que ele não o domina mais, embora esteja ainda muito forte. Acha que a análise é importante porque o ajuda a se conhecer, mas precisa ainda o ajudar com a angústia que sente quando acorda e à noite, quando vai dormir.

Nesta sessão, está mais organizado, fala pausadamente e a partir do vértice de vida.

Depois das festas de final do ano me envia uma mensagem dizendo que não vai voltar até depois do Carnaval, quando "de fato o ano começa". Na maior parte das vezes respondo suas mensagens com um "Ok".

Retorna, mas a sucessão de faltas continua, mais falta do que está presente. Envia sempre uma justificativa: dor de estômago, dormiu mal, acordou tarde. Não vem, mas se mantém presente por meio das mensagens.

Quer me controlar com a expectativa da sessão e a frustração, já que fico sabendo em cima da hora que não virá, me coloca numa situação de frustração, me manipula, projeta em mim suas vivências de desamparo, abandono e frustração.

Embora eu tenha conversado com ele sobre a necessidade de procurar outro profissional para medicá-lo, pois havia se desentendido com o médico que o medicava, concordei em dar a ele as receitas até que conseguisse outro profissional para medicá-lo.

Opôs-se veementemente à ideia de ter outro atendimento. Conversamos sobre o que se tratava uma análise e como lhe dar medicamentos demandava ter outro tipo de conversa, fazer avaliações que tomariam nosso tempo e que, além do mais, seriam muito invasivas. Não compreendia essa necessidade.

Observei que minha atitude era vivenciada não como um cuidado, mas persecutoriamente, como abandono e os limites como tirania. Para ele, invasivo era incluir outro profissional na nossa relação. Não suporta a triangulação. Reclamava durante as sessões, falava das suas angústias, da dificuldade de acalmar a cabeça e poder dormir à noite. Fazia questão de dizer que gostava muito de mim, como se tentando manter uma cisão do amor e do ódio que eu lhe suscitara com minha negativa. Há uma transferência positiva, mas sente minha atitude como uma imposição. Sua vivência é de que estou agindo como sua mãe, impondo-lhe como deve agir e pensar. Conversamos sobre isso, mas ele foge do assunto, dizendo que somos muito diferentes e que não custava nada eu lhe dar as receitas.

Estamos revivendo na relação analítica questões relacionadas ao processo de separação/individuação mal constituído, a dificuldade de discriminação eu/outro e da não compreensão entre realidade interna/externa. Mantém-se na relação idealizada com o seio, disponível o tempo todo. Lidar com o seio ausente não é possível e a equação seio ausente = seio mau se instala. Essa é uma situação crucial, como o movimento da individuação foi mal constituído, não discrimina entre si mesmo e o outro. Seu funcionamento mental é arcaico; suas defesas, primitivas.

Segundo Schkolnik (2003):

> *. . . o modo de funcionamento arcaico, não se trata do originário . . . que sempre será incognoscível, mas de falhas do processo de simbolização que nos permitem inferir carências nos momentos iniciais da estruturação psíquica. O arcaico que observamos corresponde a uma desmentida que instaurou uma cisão defeituosa do ego, comprometendo o processo do recalque primário. No narcisismo arcaico nos defrontamos com angústia de morte psíquica . . . pela ameaça de sucumbir à própria destrutividade, vinculada à desmentida da alteridade . . . trata-se de uma carência do necessário investimento libidinal que leva ao predomínio do que Green (1986) denominou função desobjetalizante... (p. 97)*

A dificuldade da separação eu/não eu se evidenciava nas suas queixas a respeito de sua mãe, pois nossa relação ainda era frágil e não suportava que eu ficasse na situação de um objeto mau.

Queixa-se de a mãe não permitir que tenha suas próprias decisões e tenha sua autonomia. Se, por um lado, reclama, xinga, por outro, concorda, justificando que não há argumentos com ela. Então, decide fazer o que ela pede. Ilustra como sua mãe é invasiva quando vem visitá-lo (ela mora em outra cidade próxima a São Paulo), mexe em todos os seus armários, "arruma", tirando tudo do lugar. Ele tem grandes discussões com a mãe; ela vai embora, mas ele não suporta a culpa, liga para ela, voltam a ficar numa boa.

Os temas mais recorrentes são sobre as diversas situações de abandono de sua história de vida, a ligação afetiva com a mãe, com forte colorido de ódio; o medo da discriminação e separação da figura materna, provavelmente por angústias de desmantelamento.

É recorrente nas nossas conversas sua vivência de abandono quando seus pais o deixaram sozinho em São Paulo, com 18 anos; mudaram-se para o interior para cuidar da filha, que é toxicômana. Começou a namorar uma moça, se apaixonou, mas depois de 1 ano de namoro, quando ela passou no vestibular, disse a ele que não queria continuar o namoro porque tinha vontade de conhecer outros rapazes e não gostaria de traí-lo. Relacionava-se bem com os pais da namorada; sua "sogra" passou a ocupar o lugar da figura materna. Perdeu a namorada e a família. Alguns meses depois ela se arrependeu e quis voltar o namoro, mas ele não quis, ela tentou o suicídio na porta do seu apartamento, cortando os pulsos. Foi dramático. Sua família era rica, porém os negócios do pai dela começaram a não ir bem, ele teve um enfarte e morreu dormindo. O irmão da namorada não suportou a perda paterna e cometeu suicídio.

Atualmente se encontra muito frustrado porque os planos que fez ou suas fantasias sobre sua recuperação completa em dois anos das sequelas do AVC não se consolidaram, embora reconheça que fez progressos.

Queixa-se de estar deprimido com suas limitações, chegando a perder a esperança de se recuperar totalmente. Seu estado o deixa perdido, sem possibilidades de vislumbrar o futuro, de que rumo dar à sua vida. Sente-se o oposto daquele todo-poderoso, e como decepcionar sua mãe? Questões identitárias profundas!

Narcisismo primário comprometido/mentalização precária/recalque primário mal estabelecido/falta de força libidinal de vida para lidar com a autodestrutividade.

Abraço do mar

Falta na primeira sessão da semana após o feriado.

Na segunda sessão chega se desculpando, explica por que faltou. "Precisava entrar no mar, eu era surfista, mas não consigo ir à praia na muvuca do feriado, daí fiquei na segunda para poder mergulhar. Conheço bem o mar, respeito. Gosto de ir pro fundo, ficar flutuando, não tocar o pé no chão. É muito bom! Fiquei umas duas horas e pensei na confusão que foi encontrar toda a família no feriado. Foram seis tias com as famílias, todos os primos. Acho que eles se afastam de mim, eu era o máximo, todos me admiravam, eu era a referência, agora estou desse jeito. Minhas tias me corrigindo sempre que eu falava errado, coitadas, querem ajudar, mas me faziam sentir muito mal. Chorei muito enquanto estava dentro do mar. Fiquei bem no fundo, era como se o fundo do mar estivesse a uma distância de duas vezes meu tamanho. Conheço bem as marés, como lidar com a maré vazante. Passei a tarde na praia, foi muito bom. Daí voltei na terça de manhã, porque tinha dois compromissos com profissionais à tarde e não gosto de dar mancada, sei que tinha você, mas eu precisava tomar banho de mar. Adoro o mar, me acalma."

A – Você foi buscar no mar um aconchego, um abraço, algo para te deixar calmo, que te dá prazer e te proporciona ficar consigo mesmo, suas dores, e chorar. Você está falando de mudança, da possibilidade de encontrar prazer no prazer.

P – Foi bom chorar, me deixou melhor...

A – Pra lidar com a dor, você não procurou situações perigosas, drogas, agressão, mas foi para um lugar conhecido que te abraça.

P – Não pensei nisso, mas é assim mesmo, me fez muito bem

A – Parece uma mudança muito significativa!

P – Provei todo tipo de droga, até *crack*, você acredita? Fumei umas três vezes, mas não quis mais porque vicia, mata. A gente vê na rua essas pessoas vagando, é horrível!

P – Minha mãe vai viajar pra Europa, vai ficar um mês. Ela não aguenta mais minha irmã, que veio dos Estados Unidos pra se operar, te contei, fazer plástica no corpo todo. Ela disse que ia ficar dois meses, e agora resolveu ficar cinco, minha mãe não sabe o que vai fazer pra aguentar. Elas não se dão bem, minha irmã é mimada, é difícil de lidar. Resumindo, a irmã veio pra ficar dois meses mas vai ficar cinco, está comendo muito, enfim, causando grande mal-estar na casa da mãe.

A – E o seu relacionamento com sua irmã?

P – A gente se fala pouco, ela é muito enjoada, dá muito trabalho, se você soubesse em que condições ela ficou uma vez, eu tive que interná-la, ela parece que vive em outro mundo, não vê as outras pessoas. Ela quer mudar pra cá. O filho mais velho tem 27 anos, trabalha, já fez a vida dele lá. O pequeno de 3 anos ela deixou com uma senhora muito conhecida. Minha mãe vendeu casa no interior, dividiu entre nós dois, comprou um apartamento perto do dela, mas pedi que não comprasse nada pra mim, quero eu mesmo fazer minhas aplicações. Sou muito diferente dela, sou amoroso, trato bem as pessoas, gosto da minha mãe, mesmo ela sendo quem é.

A – Vai ficando possível encarar como é a realidade da sua vida.

P – Como é que vou voltar a trabalhar com vendas? Precisa falar muito, não consigo falar direito, pronunciar as palavras, o que é que vou fazer?

A – Você pode pensar nisso, que existem alternativas.

P – Como? Não sei fazer outra coisa...

A – Provavelmente você não tentou outras coisas porque não precisava, mas, agora que mudou e está começando a encarar isso, você pode encontrar uma saída.

A criação pode prejudicar a criança e influenciar em como vai ser quando adulta?

Comento: analista é um ser humano.

P – [*Ri*] Você tem toda razão. Na minha família vão ter vários na área. Antes era somente minha tia.

Quando começou a psicologia? A pessoa nasce com as características que vai ter e se torna o que herdou?
A – Atualmente a influência do ambiente é muito valorizada na formação do ser humano.
P – A criação pode prejudicar a criança e influenciar em como ela vai ser quando adulta? E se a criança sofrer abuso sexual, vai sofrer problemas depois?
A – Você acha que isto te marcou?
P – Sem dúvida!
A – Como?
P – O jeito que eu era fudidão... sabe quantas vezes eu me acidentei de moto, de carro? Muitas, sou cheio de cicatrizes, levei uma paulada na cabeça, aqui (aponta) de um cara porque estava comendo a mulher dele... Fui para UTI, fiquei mal... faz de conta que está acelerando a moto, fala, é assim, sem parar, faz barulho de batida, se estrepa....
A – Você vivia no limite.
P – E como!
A – Você está fazendo associações interessantes. Então você acha que seu jeito de ser tem a ver com o que passou na infância?
P- Claro! Mas hoje estou tão diferente, antigamente eu tinha muitos amigos, vivia na rua com eles, cheirando, nas baladas, academia... hoje eu mudei, não gosto de sair de casa, quero ficar sozinho, isolado.

O abandono do vínculo afetivo e do perigo da independência

Após muita relutância João procura o psiquiatra que indiquei que era do seu convênio. Apesar de ser psicanalista também, esse profissional decidiu fazer o que João desejava: ter na mesma pessoa quem o medicasse e fizesse terapia.

Numa violenta atuação ele abandona sua análise, rompe comigo, talvez para parar de se defrontar com as angústias da dependência, do amor. Abandona antes de ser abandonado pela pessoa amada.

Função materna do analista segundo Pierre Marty

Marty (1988/1995b) tece uma analogia entre a função materna da relação mãe/bebê e a função materna da relação analista-analisando, proposta como modelo na prática psicoterápica com pacientes com afecções somáticas evolutivas e particularmente com pacientes operatórios. Além disso, aufere à equipe médica que lida com o paciente a função continente que proporciona o investimento libidinal necessário à energização egoica do paciente.

Analogamente, a função materna do terapeuta supõe que a prática psicoterápica seja codificada com finalidade conservadora da saúde do paciente. As diferentes modalidades identificatórias do analista com seu paciente mobilizam a atividade interpretativa e modulam-na, em função do nível e da qualidade do funcionamento psíquico do paciente e de acordo com seu próprio ritmo. O impacto da função materna do terapeuta ocorre em dois níveis. De um lado, o reforço das contracatexias para o estabelecimento de um trabalho com o paciente que permita estabelecer uma barreira paraexcitante e, do outro lado, a criação ou melhora das condições econômicas que permitam o processo de recalque mediante a transmissão da ameaça de castração que emana do pai e da qual o terapeuta é o agente. Desse modo, segundo Fain (2001), o superego se torna um componente da função materna. Marca com seu selo e com os valores coletivos dos quais é representante no interior do aparelho psíquico os investimentos eróticos da sua função, inscrevendo esta última em um ponto em que os limites estão fixados pelas pressões da organização pulsional edípica da família humana.

O processo analítico: investimento libidinal do analista, transfusão libidinal

Segundo Marucco (2006), o investimento libidinal do analista no paciente deriva da matriz de esperança e da possibilidade de revelá-la inconscientemente, permitindo ao paciente que construa um vínculo amoroso acolhedor, desintoxicante. Marty (1988/1995a) também se referia à transfusão libidinal do analista para o paciente. A função de libidinização.

Há uma vasta literatura contemporânea de autores que descrevem os sutis movimentos contratransferenciais e a importância de que o analista os utilize como o instrumento principal do trabalho com pacientes que padecem de falhas do processo de recalque primário das representações e nos quais predominam o não representável e o irrepresentável. Infelizmente, não é possível nos estendermos aqui nas ricas contribuições de Botella (2002), assim como de Ogden (1996) e outros que descrevem as sutilezas da contratransferência e dos processos de representabilidade oferecidos pelas vivências contratransferenciais.

Referências

Béjar, V. (2015). Contribuições da psicossomática psicanalítica à clínica contemporânea. *Revista de Psicanálise da Sociedade Brasileira de Psicanálise de Porto Alegre* (SBPdePA), *17*(2).

Bion, W. R. (1967). Uma teoria do pensamento. In *Second thoughts*. Imago. (Trabalho original publicado em 1962.)

Bion, W. R. (1991). *Aprendendo com a experiencia*. Imago. (Trabalho original publicado em 1963.)

Botella, C. (2002). Irrepresentável: mais além da representação. *Sociedade de Psicologia do Rio Grande do Sul*. Criação Humana.

Fain, M. (2001). La fonction maternelle selon Pierre Marty. *Revue Française de Psychosomatique*, *20*, 47-52.

Freud, S. (1969). Sobre os critérios para destacar da neurastenia uma síndrome particular intitulada 'neurose de angústia'. In *Edição Standard Brasileira das obras completas de Sigmund Freud*. (Vol III, pp. 103-137). Imago. Trabalho original publicado em (1895 [1894]).

Freud, S. (1976). A sexualidade infantil. Três ensaios sobre a teoria da sexualidade. In *Edição Standard Brasileira das obras completas de Sigmund Freud*. (Vol. VII pp. 177-206). Imago. Trabalho original publicado em 1905.

Green, A. (1988). Pulsão de morte, narcisismo negativo e função desobjetalizante. In Green et al. A *pulsão de morte* (pp. 53-64). Escuta.

Green, A. (1990). *De locuras privadas*. Amorrortu.

Marty, P. (1995a). Las desorganizaciones progresivas. In *El orden psicosomático*: los movimientos individuales de vida y de muerte – desorganizaciones y regresiones (pp. 146-154). Promolibro. (Trabalho original publicado em 1988.)

Marty, P. (1995b). La función materna. In *El orden psicosomático:* los movimientos individuales de vida y de muerte – desorganizaciones y regresiones (pp. 9-69). Promolibro. (Trabalho original publicado em 1988.)

Marty, P. (2003a). El preconsciente, punto central de la economía psicosomática. In *La psicosomática del adulto* (pp. 50-52). Amorrortu Editores. (Trabalho original publicado em 1990.)

Marty, P. (2003b). La mentalización. In *La psicosomática del adulto* (pp. 52-55). Amorrortu Editores.

Marucco, N. C. (2006). Entre el recuerdo y el destino: la repetición. *Revista de Psicoanálisis, 63*(4), 763-785. (Apresentado em: Congresso Internacional de Psicanálise, 45; 25-28 jul. 2007).

M'Uzan, M. (1972). Los esclavos de la cantidad. In *La boca del inconsciente*. Amorrortu Editores. (Trabalho original publicado em 1995.)

Ogden, T. H. (1996). *Os sujeitos da psicanálise*. Casa do Psicólogo.

Roussillon, R. (2004). A dependência primitiva e a homossexualidade primária em duplo. *Revue Française de Psychanalyse*, 68(2).

Schkolnik, F. (2003). Transferência negativa y narcisismo. *Rev. Uruguaia de Psicoanálisis, 97*, 95-104.

Smadja, C. (2005). Estudios sobre la depresión esencial. In *La vida operatoria: estudios psicoanalíticos*. Biblioteca Nueva.

Smadja, C. (2013). *El nascimiento de la psicosomática psicoanalítica*. Palestra realizada no Encontro de Psicosomática Psicanalítica IPSO – RIO, 10 de março de 2013.

Smadja, C. (2014). Le modèle pulsionnel de la psychosomatique. *Revue Française de Psychosomatique, 45*, 11-30.

Winnicott, D. (1978). Preocupação materna primária. In *Da pediatria à psicanálise*. Francisco Alves. (Trabalho original publicado em 1978.)

7. Adicções e o infantil: uma consideração do trauma psíquico

Debra Gill

A realidade é só uma muleta para as pessoas que não conseguem lidar com drogas.

Robin Williams

Quando Herbert Rosenfeld escreveu sobre adicção a drogas, em 1960, ele observou a escassez de literatura disponível sobre o assunto depois de 1945. Sugerindo o motivo de as adicções não serem normalmente tratadas em consultórios particulares, ele se referiu às tensões colocadas sobre o psiquiatra – não o psicanalista –, nos lembrando de que historicamente os analistas consideravam o tratamento das adicções fora do escopo usual do atendimento. Esse não é mais o caso desde que os analistas tratam pacientes em uma diversidade de estruturas psíquicas e estão vulneráveis a adicções de todos os tipos. O trabalho contemporâneo agora se baseia em um campo psíquico expandido, que acolhe a experiência viva de um espaço analítico que se desdobra por meio do interjogo de todas as facetas que afetam o processo de tratamento. Isso inclui adicções, trauma psíquico e as tensões conscientes e inconscientes resultantes levadas para a díade analítica. As adicções são formadas dentro de uma organização complexa de trauma psíquico que prejudica a capacidade da pessoa para administrar a estimulação interna e as expectativas baseadas na sociedade e na cultura. A literatura sobre o trauma psíquico é vasta, e, embora a adicção nem sempre seja o resultado, os pacientes que se voltam para as drogas e/ou dependência de sexo são vistos como tendo sofrido profundamente, a ponto de solaparem o crescimento e o desenvolvimento.

Quando os primeiros relacionamentos fracassam, o desenvolvimento é desviado. Como uma derivação das ideias de Melanie Klein sobre a identificação projetiva, Bion (1970) desenvolveu sua teoria de continente-contido, um intercâmbio dinâmico entre analista e paciente na direção da construção de uma mente capaz de contenção. O analista recebe as ansiedades infantis do paciente e oferece contenção por meio da atenção, *holding* e interpretação.

São erigidas defesas que prejudicam a capacidade transicional e a simbolização de uma maneira que não permitem a realização da separação psíquica. As adicções formam ilhas psicóticas, (Rosenfeld, 1960/2018), cindindo a experiência interna e encolhendo a economia psíquica. Os estados de confusão, sintomas somáticos e dissociação enfraquecem o relacionamento da pessoa adicta com a realidade (Weiss, 2019). As relações familiares caóticas que fazem intersecção com o ambiente sociopolítico podem tanto criar quanto inflamar o trauma psíquico. As adicções muitas vezes estão alojadas na história intergeneracional do paciente em que o trauma é transmitido inconscientemente, alimentando a evitação, o caos e a destrutividade inconsciente. Esforçando-se para não derrapar em uma estrada coberta de gelo, o analista aprende como situar o paciente em relação à adicção enquanto mantém um contexto imperfeito.

Separação impedida

As tensões aludidas por Rosenfeld (1960/2018) referem-se ao abuso de drogas em particular e são conhecidas: risco de suicídio, overdose acidental e todos os desastres médicos, legais e relacionais associados que o analista será obrigado a testemunhar. Rosenfeld, (1960/2018), porém, acreditava que os analistas poderiam tratar dependentes de drogas. Ele se concentrou na fraqueza do ego e discutiu como os adictos recorriam a mecanismos maníacos que eram alimentados pelas drogas. Ele não via os pacientes adictos como capazes de lidar com a mania sozinhos, pois esta exige força do ego. Pensava-se que as drogas alimentavam a destrutividade inicial e obliteravam a bondade interna. Heinz Weiss (2019) fala do ciclo da destrutividade e da culpa inconsciente intolerável resultante do dano ao objeto interno em situações de trauma psíquico. Os pacientes que não atingem a posição depressiva não podem manter mentalmente o bom e o mau em seus objetos. Em vez de facilitar um relacionamento fluido para a vida interior, os objetos permanecem cindidos na psique, imobilizando o pensamento, o desenvolvimento e a capacidade de atingir a separação psíquica. Sem a dimensão da separação psíquica, a simbolização é prejudicada, e os pacientes vivem perto de seus objetos, o que torna as fantasias destrutivas ainda mais reais e perigosas. A reparação acontece quando um objeto é simbolizado, e isso significa que o objeto é mantido no interior e pode ser foco do pensamento. A culpa inconsciente não é tolerável quando objetos tão próximos não podem ser reparados. Sem simbolização e contenção, alguns pacientes acham alívio recorrendo ao mundo oculto da adicção. O espaço sagrado é eclipsado por um relacionamento perverso com a realidade.

Na minha experiência e na de meus colegas, os pacientes não chegam à análise querendo deixar de usar drogas. Em geral, a adicção é descoberta, mas mentalmente desligada das consequências, ou mesmo de sua importância, porque o ego mantém um relacionamento perverso com a realidade. A negação defensiva e um repúdio da separação são um imenso impedimento para o crescimento. Um paciente que eu atendi por menos de um ano costumava usar maconha e havia sido hospitalizado recentemente com síndrome de "hipercannabis", passando dois dias no pronto-socorro, vomitando, desidratado e com arritmia cardíaca, mas depois de algumas semanas decidiu que isso havia sido causado pelo uso de cartuchos apenas e voltou a fumar. Com o tempo, no contexto de um longo tratamento, a onipotência e a megalomania enfraquecem. Os pacientes adictos permanecerão em um ciclo de destrutividade até que alguma capacidade de separação em um mundo diferenciado possa ser alcançada. Só então a reparação pode começar.

No tratamento das adicções, o analista verá o infantil, por meio de identificação projetiva massiva, sentido adesivamente como intrusão. Meltzer fala sobre isso como uma fantasia claustral (Sorensen, 2016), uma em que o paciente ocupa o analista em uma tentativa fraudulenta de repudiar a realidade e a separação. Como os pacientes adictos concretizam suas ansiedades, eles invadem com seus objetos e são conhecidos por ocupar a mente do analista por meio de projeção massiva. Esses pacientes forçosamente sabotam o tratamento por meio de mal-entendidos e separações reais, em um esforço para atacar o interior da vida interna do analista, mãe.

Os intervalos no tratamento são experimentados como persecutórios. Em resposta a esses intervalos, os pacientes atacarão o bom, usando substâncias, recaindo, cancelando ou deixando mentalmente o analista e invadindo o campo com negatividade e desesperança. O analista deve manter e administrar pacientemente essas intrusões, aceitando que o paciente vai agir de maneiras convincentes para controlar o objeto, muitas vezes rompendo o contexto. Interpretação e alguma flexibilidade são mais úteis do que atuar uma luta quando existe tão pouco espaço transicional disponível para simbolizar o relacionamento para o analista. Tratamentos auxiliares, incluindo programas de autoajuda, podem ajudar a abordar a desconexão e potencialmente, limitar o risco elevado e a recaída.

O analista precisa se apoiar na flexibilidade de sua própria posição interna, a fim de administrar a força da intrusão infantil. Os apegos adesivos emergem das fantasias inconscientes de fusão. Considerando a carga traumática dessas fantasias de fusão, os pacientes tocarão os primeiros objetos do analista (Brenman-Pick, 1988). O trabalho analítico com pacientes adictos requer que o analista dê atenção ao desenvolvimento da pele psíquica e trabalhe por meio da ilusão de que a pele do analista pode ser compartilhada. A separação psíquica é atingida por meio de uma luta maciça com o analista. Vou oferecer um exemplo clínico de trabalho analítico com um paciente adicto, que se apegou adesivamente na transferência.

Exemplo clínico

Mendel (M.) é um judeu ortodoxo com pouco menos de 40 anos, que atendi em um tratamento analítico durante vários anos. Ele sofreu perdas iniciais significativas em sua família extensa, que desestabilizaram seus pais e toda a estrutura geral da família. Como era comum em sua comunidade ortodoxa, Mendel era um entre mais de dez irmãos. Ele descreveu um forte apego a seu pai e algum estranhamento em relação a sua mãe, que sofreu mais com a perda. Seus relacionamentos com os irmãos eram calorosos, mas Mendel sempre preferia seu pai e se esforçou muito para seguir os rituais religiosos para agradá-lo. No início do tratamento, Mendel disse que havia sido “atraído para um jogo sexual” aos 7 anos de idade por um primo com cerca de 20 anos. Segundo sua descrição, o "jogo" foi intrusivo e agressivo. Ele não conseguia pensar sobre si mesmo como tendo sido molestado, afirmando que gostara da empolgação do segredo e da atenção, mas, segundo sua descrição, ele se tornou cada vez mais alienado. Aos 11 anos, começou a cheirar cola e, secretamente, ingerir álcool. Começou a se envolver em pequenos comportamentos de delinquência, como faltar à escola e furtar. Ele frequentou uma instituição religiosa só para meninos e foi tratado com dureza quando suas notas começaram a cair. Mendel participava de rituais religiosos e comunitários "para parecer bom", mas descreveu que ficava perdido em estados dissociativos e era atormentado por sintomas somáticos. Dores de cabeça debilitantes e dor em todo o corpo levaram a exames médicos sem resultados conclusivos. Ele falou que sua mente ficava "enevoada" e, ao seu pai morrer, inesperadamente, quando Mendel tinha 18 anos, sua adicção às drogas se intensificou. Ele funcionava com medicamentos para dor, trabalho e compromisso com um casamento arranjado, aos 19 anos. Durante seu casamento e vida como pai, o uso de drogas continuou em segredo até que as tensões do casamento e a intensidade de sintomas somáticos ultrapassaram seu funcionamento. Ele concordou com hospitalização de longo prazo e tratamento posterior para abuso de drogas. Mendel me foi encaminhado por causa de uma doença somática persistente, que muito provavelmente estava relacionada com privação e ataque sexual.

No início de nosso trabalho, Mendel não conseguia administrar sua exaustão e profunda dor corporal. Ele reclamava de suor excessivo, além de extrema sensibilidade da pele e de um eczema que aparecia como se ele estivesse despido em um chuveiro ou vestido com as camadas da vestimenta hassídica tradicional: um casaco longo e escuro, camisa abotoada, *tzitzit* e chapéu preto. Em nossas primeiras sessões, eu podia ver como ele estava fisicamente desconfortável em sua pele; seu suor e sofrimento entraram furtivamente em nosso espaço compartilhado. Eu transmiti isso a

Mendel, expressando a ele que eu via seu sofrimento e entendia a ansiedade por não poder se apoiar nas pílulas. Ele descreveu sua desintoxicação em muitos detalhes e como o suor e a dor pareciam sair descontroladamente dele. Seu corpo doía, mas ele tinha conseguido, desde a alta, não se voltar para as pílulas. A masturbação compulsiva permitia que ele liberasse a dor e a ansiedade, mas criava uma enorme vergonha e culpa por causa da proibição religiosa e da voz de um Deus punitivo que oferecia pouco alívio. Criado em um mundo isolado e enfraquecido pela dor e pela dissociação, Mendel me procurou com forte carência e intensidade.

Eu senti a atração dessa carência quando o ouvia. Durante as sessões, seu sotaque ídiche me levou a um devaneio privado com meus ancestrais judeus, representando os apegos de familiaridade, conforto e afeto. Fui surpreendida por minha experiência e também fiquei consciente de um paradoxo. Mulheres judias seculares e homens ultraortodoxos geralmente não interagem, muito menos se envolvem de uma maneira dominada por fortes emoções. Decidi levar minha percepção para o campo e perguntei como era se encontrar comigo. Mendel disse que falar trazia um alívio e que ele tinha encontrado mulheres não religiosas no programa após a hospitalização que o haviam abraçado espontaneamente depois do grupo. Eu lhe disse que imaginava que ser tocado desse modo era um tipo de experiência muito diferente para ele. Ele compartilhou que nunca era tocado por mulheres, mas o toque imaginado evocava ao mesmo tempo dor profunda e excitação.

Eu estava consciente de como Mendel se derramava emocionalmente em mim por meio de uma pele não contida, disfarçada em uma transferência erotizada que parecia infantil, puxando meus próprios objetos maternais. Seu conforto e sua sedução infantis evocavam um prazer culpado, pois eu havia sido criada para ficar distante dos homens religiosos. Mas essa era minha transferência diante dele como um homem hassídico, que eu agora entendia como uma tentativa para organizar seu estado mental primordial e não separado. Judy Eechoff (2017) fala sobre pacientes que vivem em "estados primordiais de suspensão" e dependem do analista, por meio da proximidade, para experimentar sua própria existência. O tratamento analítico envolve construir uma mente que possa reconhecer e começar a tolerar a separação. Acredito que, se Mendel fosse psiquicamente separado, ele teria observado os limites prescritos e não teria escolhido trabalhar com uma mulher secular como terapeuta. Embora psiquicamente ele mal tivesse consciência de minha separação, o início de nosso trabalho possibilitou que ele tolerasse ter uma vida emocional que lhe permitisse reconhecer e entender o trauma do abuso sexual, com que ele vivia em total isolamento. Ele não podia conceber o dano causado pela superestimulação, resultando em um estranhamento mental de seu corpo que se alternava entre dor e excitação. O segredo sustentava uma ilusão perversa de que a realidade poderia ser oculta por meio do abuso de drogas.

Nosso trabalho centrou-se em sua confusão mental, na capacidade perturbada para trabalhar, rezar e se lembrar de pessoas. Ele se escondia e vagava, sofrendo de morte mental e de constância interna limitada. A esposa dele não conseguia se sustentar o bastante para falar com ele e ficava frustrada e brava por causa da natureza infantil do marido. Mendel pensava que ela suspeitava que ele tivesse desejos no mundo secular e não confiava nele. Ele disse que nunca tinha traído. Claramente não era capaz de sustentar relações íntimas, mas nunca tinha pensado em seus encontros sexuais isolados com outros homens como uma traição. O jogo sexual adolescente com outros garotos era comum em seu círculo adolescente de segregação de gênero, mas era humilhante por causa do garoto mais velho. Em sua vida adulta, ele vagueava e atuava os impulsos sexuais, em estados de dissociação maciça e superestimulação. Durante o tratamento, começamos a entender que, embora buscasse encontros sexuais, ele terminava se sentindo violado e envergonhado. Isso apareceu na transferência, quando conseguimos colocar em palavras a experiência dele de estar comigo na sala.

"Quando você está falando comigo parece que você entrou, rasgou minha carne e que eu estou tentando empurrar você para fora para tomar posse de mim mesmo. Eu hiperventilei, e isso nunca me deixa descansar. Eu me fechei para lidar com o ataque que se aproximava."

Eu disse que a experiência que ele tinha de mim, que ele agora podia descrever, era sua tentativa de evitar um ataque. Ele se entorpecia para se isolar da experiência que tinha de mim. Assim, grande parte de sua experiência era passada em um transe indiferenciado, como um zumbi, evitando toda a raiva e dor de estar separado e vivo. Eu sugeri que ele não podia tolerar a intensidade de um desejo odioso de entrar em mim e que, em vez disso, me experimentava como alguém que o atacava.

Depois de um silêncio prolongado e pensativo, Mendel relaxou e, em um estado diferente, me pediu para lembrá-lo de seu pai, porque seu *yahrzeit* (uma prece matinal que marca o aniversário de uma morte) estava se aproximando, e ele não conseguia manter a data e tudo de que precisava se lembrar sobre o acontecimento em sua mente. Ele queria que eu simplesmente controlasse o desejo, o ódio e a lembrança. Eu sugeri que ele desejava deixar a si mesmo fora da análise e que eu fizesse a parte do pensamento. Mendel notou o quanto seu corpo doía e disse que estava exausto demais para trabalhar na sessão. Ele afirmou que não tinha pensamentos, deixando a meu cargo o trabalho de imaginar a experiência dele.

Mendel ficou mais agressivo em suas demandas por minha atenção e mais difícil de conter. A raiva e a privação quando desapontado foram expressas como um desejo de consultar outros terapeutas e de buscar apoio em outras modalidades. Isso se intensificou durante a pandemia de covid-19, quando paramos de nos encontrar presencialmente. Quando a perda prolongada de nosso espaço físico compartilhado no consultório pôde ser sentida, ele foi capaz de falar sobre me perder. Ele reconheceu nossa separação, o que permitiu que sentisse pesar. A separação que sentiu de mim e as numerosas mortes que rodearam nós dois durante a pandemia afetaram sua dissociação, e ele começou a absorver a perda do pai.

Quando M. retornou ao consultório, a dor e o desconforto no corpo mais uma vez ficaram no centro do palco. Ele começou questionar se de fato poderia se manter sem pílulas. No início de cada hora, ele se esforçava para achar uma posição confortável na cadeira ou no divã e lutava consigo mesmo. Algumas vezes, ele deitava no chão, paralelo ao divã, e parecia conseguir acalmar sua superestimulação com as costas na superfície dura do chão. Eu disse que ele tinha de encontrar um modo de acalmar seu corpo antes de poder acessar sua mente. Pensei a respeito de como, na cultura e na comunidade dele, esperava-se que os pais se reproduzissem tanto quanto possível, e muitas famílias tinham mais de dez filhos. Será que uma mãe poderia ter o espaço para desenvolver a mente de um bebê, e um pai poderia estar presente o bastante para apoiá-la? Perguntei isso diretamente a Mendel, e ele explicou que seu grupo quase fora exterminado durante o Holocausto, e há uma missão mais importante do que a atenção dos pais. Nós dois reconhecemos que, independentemente disso, ele precisava da intensidade emocional para se sentir vivo. Reflexões que ocorreram nas sessões liberaram sua dor, mas se desvaneceram. Ele tentou me imaginar entre as sessões, mas não conseguiu. Eu disse que tentar imaginar não era esquecer. Ele queria parar a masturbação e a atividade sexual, que, disse ele, não era diferente de nenhuma função excretora. O tempo entre sessões criou sentimentos de desespero e solidão. Ele queria ser capaz de me evocar e, algumas vezes, fez isso na forma de textos.

Em uma tentativa de me encontrar mentalmente, ele achou a série de televisão *In Treatment*[1] e começou a assisti-la, o que lhe ofereceu uma oportunidade de representar mentalmente o nosso trabalho. Ele começou a praguejar em voz alta nas sessões quando discordava, o que eu entendi como uma interrupção da dissociação e de impulsos sexuais compulsivos. Houve mais raiva quando eu terminei a hora e uma expressão de culpa por causa da cobiça.

Em casa, algumas vezes ele cantava para se distrair da dor e da pressão, mas geralmente cedia aos desejos de se masturbar. Eu fiquei sabendo de uma história de talento musical na família e de como ele gostava de cantar com seus filhos. Ancestrais que morreram no Holocausto eram músicos. Será que ele só tinha a lembrança? Por que ele precisava estragar momentos importantes com pensamentos intrusivos e masturbação? Ele ficou pensando nisso e em como isso poderia mudar, uma indicação de que podia reparar o dano fantasiado.

Durante um fim de semana, eu estava programada para apresentar uma palestra e notei o nome dele na lista de inscritos. Tendo em mente a fragilidade dele, enviei-lhe uma mensagem de texto perguntando se havia se inscrito, e ele respondeu que só existia um com o nome dele. Eu disse, muito sinceramente, que estava surpresa e, ao mesmo tempo, não! Expliquei que analista e analisando tentavam evitar ver um ao outro em fóruns públicos para preservar a privacidade absoluta do relacionamento. M. disse que entendia e que não iria. Quando voltou à sessão no dia seguinte, ele falou sobre querer ser um psicanalista e começou a pedir que eu lhe dissesse como fazer isso. Ele disse que queria ser eu para

1 Exibida no Brasil com o título *Em terapia* [N.T.].

que eu pudesse estar sempre com ele e explicar a vida secular para ele. Ele sempre quis estar dentro de uma mulher, porque elas são mais livres e mais fortes. Descreveu olhar as pernas das mulheres na rua e imaginar as pernas de uma mulher como dele. As pernas das mulheres são mais fortes. Ele não conseguia entender as saias curtas e os vestidos decotados exceto como uma sedução. As mulheres eram convidativas – ele gritou e disse que estava se sentindo mais excitado. Algumas vezes, ele imaginava se castrar por ter pensamentos sexuais. Os homens não conseguiam se controlar; tudo que era imaginado podia se tornar real. Eu disse que ele perseguia a si mesmo pelo prazer de querer conhecer mulheres, por meio de uma experiência compartilhada comigo.

Nas semanas seguintes, Mendel se permitiu passar tempo caminhando pela cidade para observar as pessoas depois das sessões. Seu novo entusiasmo foi perturbado depois de um fim de semana prolongado. Ele enviou uma mensagem de texto dizendo que não queria voltar e explicando que havia recaído. Respondi que viesse mesmo assim, e ele o fez. Havia começado a cheirar Adderall para parar de se masturbar e disse que agora isso era difícil. Eu concordei com ele e entendi que ele podia se sentir perturbado porque eu estava distante. Ele concordou e disse como ele me tirava da mente se não pudesse vir me ver. Eu disse que entendia que ele estava bravo comigo e que não podia impedi-lo de usar drogas. Ele disse que tinha ciúmes de mim e claramente tinha dificuldades com a liberdade e as escolhas que eu tenho em minha vida. Durante o feriado, ele foi até uma parte secular da cidade e se permitiu olhar para as mulheres.

Depois de uma longa pausa, ele perguntou: "o que acontece com as jovens e o modo como elas se vestem, de um jeito tão revelador?"

Eu disse que as mulheres convidavam o olhar porque é agradável usar roupas reveladoras quando você se orgulha de seu corpo.

Ele disse que isso nunca tinha lhe ocorrido. Ele não tinha amigas nem conversas íntimas com mulheres antes do tratamento de desintoxicação. Depois de uma longa pausa, ele disse que queria pedir a sua filha que carregasse uma gravação de seu canto em um computador porque, depois de ela se casar, ele não teria permissão para ouvi-la cantar ao vivo. Sabendo que cantar com seus filhos era um dos poucos prazeres criativos que ele tinha, uma profunda tristeza deve ter cruzado meu rosto, e Mendel notou. Ele disse que estava triste também, mas me pediu que entendesse que isso era necessário e o ajudasse a aceitar o que ele precisava para se separar dela. Entendo que, em um espaço mental em desenvolvimento, ele estava se afirmando como o pai. Eu disse que é claro que eu ajudaria, mas não queria me afastar da destrutividade perversa de seu uso de drogas, que desfazia sua própria paternidade.

Na sessão seguinte, Mendel fez a associação entre não ter acesso suficiente a seu pai e acreditar que seu abuso de drogas se intensificou depois da morte dele. Não conseguia encontrar significado nas preces e em Deus; ele pensava em sua dissociação, mas eu sentia uma ejeção raivosa de significado. O que significava experimentar a perda de seu pai? Ele disse o seguinte:

"Minha vida se tornou ser próximo do meu pai. Eu nunca acreditei nas palavras gentis dele a meu respeito. Ele deve ter se sentido envergonhado de mim, então eu tinha de tentar compensar. Talvez escondendo-me dele. Tudo porque eu não queria que ele tivesse dor por minha causa. Estou só, isolado, sozinho na minha pele. Não consigo dormir; meu pai está nos meus sonhos. Percebi quanta proteção ele me dava."

Mendel começou a desenvolver uma representação de um pai que ele podia manter em sua mente. Ele sabia que os pais se importavam com ele e o amavam, mas não sentia isso. O casamento dele, seus filhos, ritual religioso e agora a psicanálise o mantinham coeso. Ele parou de usar pílulas e aceitou a medicação psicotrópica.

"De repente eu sou um pai, em vez de provar a meu pai como eu sou um bom filho e pai. Percebo que agora sou um pai em vez de meu pai. Não sou mais uma ponte."

Começamos a considerar o que significava pensar sobre quanto ele queria a admiração de seu pai e também ser um bom pai. Ele associou ser sexualmente coagido quando era menino e o modo como perdeu profundamente seu relacionamento com o tempo e o lugar. Eu acrescentei como ele havia perdido acesso a si mesmo e acreditava que não havia ninguém, nem pai nem mãe interiores que pudessem tê-lo ajudado a falar. Em vez disso houve o esquecimento de tudo, perder-se em sua mente e vagar sem rumo. Eu disse a Mendel como era difícil localizá-lo na minha mente entre as sessões. Ele ficou chocado quando eu lhe disse que nunca sabia onde ele estava em nenhum dado momento e perguntou se eu sabia onde estavam meus outros pacientes. Eu disse que sabia, aproximadamente. Ele perguntou se eu o esquecia, e eu disse que certamente não. Mendel me agradeceu e disse que estava tentando se manter em mente e queria que pudesse manter seus relacionamentos, em especial com seus filhos. Começamos a reconhecer que a separação de sua filha mais velha era ainda mais difícil porque ela era maternal. Seus filhos sabiam que ele tinha problemas emocionais. Embora M. tentasse manter sua função paterna, algumas vezes se relacionava com seus filhos como se fossem irmãos. Sua esposa havia se transformado em mãe solo. Eu perguntei a ele por que ela quereria ir ao *mikveh* para ter sexo com um marido que fingia ser um filho. Abordar isso permitiu que ele pensasse sobre si mesmo como um marido em relação a uma esposa. Ele concordou que ela não devia ser mãe solo e disse que não queria magoá-la mais. Ela era boa para ele, e ele queria tentar mais uma vez ter um casamento.

Perversão em um espaço sagrado

Dentro das fronteiras de uma comunidade religiosa isolada, que reivindica a vigilância contra os males de um mundo mais amplo, o segredo sombrio de um ataque sexual a crianças funciona como um pacto perverso (Stein, 2005) que protege uma realidade falsa e deixa para as vítimas infantis a internalização de um segredo vergonhoso. Mendel protegia seus objetos da destrutividade odiosa por meio da dissociação maciça. Em seus estados mais conectados, uma experiência perversa de si mesmo como sexualmente corrompido e prejudicado foi revelada. Ele dependia das drogas para aprofundar sua alienação. Conforme lutava com as ansiedades de uma realidade psíquica expandida, ele reconhecia como o abuso sexual e o segredo precisavam ser abordados. Sua profunda vergonha e sua culpa persecutória haviam sido usadas destrutivamente contra si mesmo por meio de drogas, dor corporal e outras formas de ação para punir aqueles de quem ele mal podia sentir raiva por não ter sido protegido. Nessa fase do trabalho analítico, ele está espiando o mundo externo e entendendo que a cura pode vir não só de seu interior, mas por meio da informação e de mudança a respeito da prevalência do abuso sexual infantil, especialmente em comunidades religiosas.

Conclusão

Os adictos experimentam dependência real, não simbolizada, e é por isso que, historicamente, os psicanalistas têm sido dissuadidos de tratá-los. Considerando que os analistas agora trabalham com pacientes psiquicamente vulneráveis, estamos acostumados a manter e criar uma mente continente enquanto fortalecemos organizações frágeis, curamos estados mentais repudiados e abordamos o trauma psíquico. Traumas e segredos vergonhosos convidam à adicção. Adultos que têm uma vida interna que não pode consistentemente separar o bom do mau sofrem com ansiedade elevada, que se manifesta no corpo. Sentir-se apegado e querer viver dentro da mãe/analista é uma fantasia *claustrum* sedutora, mas ilusória, que deve ser elaborada a fim de emergir e se separar.

Referências

Bion, W. R. (2018). *Elements of psychoanalysis*. Taylor and Francis.

Eechoff, J. (2017). Finding a center of gravity via proximity to the analyst. In *Engaging primitive anxieties of the emerging self: the legacy of Frances Tustin*. Karnac.

Pick, I. B. (1988). Working through in the countertransference. In *Melanie Klein today: developments in theory and Practice*. Routledge.

Rosenfeld, H. (2018). On drug addiction 1. *Psychotic States*, 128-143. Recuperado de https://doi.org/10.4324/9780429479335-7 (Trabalho original publicado em 1960).

Sorensen, P. (2016). Degrees of entrapment: living and dying in the claustrum. *Journal of Child Psychotherapy*, *42*, 45-53.

Stein, R. (2005). Why perversion? "false love" and the perverse pact. *The International Journal of Psychoanalysis*, *86*(3), 775-799.

Weiss, H. (2019) *Trauma, Guilt and Reparation: The Path from Impasse to Development*. Routledge.

8. Escuta psicanalítica na clínica da drogadicção

Raquel Plut Ajzenberg

Resumo

A proposta central do trabalho é refletir sobre o chamado "adolescente difícil", com um enfoque especial no problema da dependência química, à qual alguns deles estão submetidos.

Tais jovens pertencem ao grupo que os conceitos de casos-limite ou fronteiriços visam a descrever, considerando a noção de "fronteira" como uma área de espaço irregular, permeável e plástico, com diferentes relevos. Esta não é estática, mas instável e oscila ora para o mundo externo, ora para o mundo interno, causando grande instabilidade e vulnerabilidade do psiquismo.

O trabalho pretende ainda abordar o termo casos-limite/*borderline* na adolescência, ilustrando alguns casos clínicos de diferentes configurações psíquicas.

Introdução

Este trabalho teve como origem minha experiência no atendimento a adolescentes em uma clínica para dependentes químicos durante 12 anos. Além de realizar atendimento individual para os pacientes internados, fui coordenadora do time de psicólogos.

A equipe multidisciplinar era composta por psicólogos, psiquiatras, enfermeiras, plantonistas. A complexidade e amplitude deste trabalho nos indaga sobre o papel da psicanálise dentro de uma clínica e seu alcance diante da temática da drogadicção.

É possível identificar entre esses adolescentes uma falha na organização defensiva, que os transforma em indivíduos desprovidos de recursos para manejar suas próprias experiências emocionais e sua relação com o meio ambiente.

Muitos jovens passam a vida empenhados em uma busca desenfreada de ação sobre o mundo, induzindo a uma sensação de futilidade em suas relações afetivas. A busca do prazer a qualquer preço, característica das relações da cultura narcísica, visam a preencher um "buraco", evitando a introspecção, que os levaria ao contato com um grande vazio interno. Essas vivências, por não serem elaboradas, são, por sua vez, engolfadas por esse mesmo buraco, o que os leva a novas atuações.

Desde os primórdios do desenvolvimento, estão submetidos a uma condição externa patogênica, carregada de vínculos afetivos de tal forma perversos que dificultam sobremaneira a construção de uma arquitetura mental que possa lhes dar sustentação ao longo do seu desenvolvimento. Esses pilares, de suporte do *self*, ficam corroídos e porosos, afetados por pequenas e constantes pancadas advindas de um mundo externo inóspito que fissuram a estruturação de um arcabouço mental.

Neste trabalho, apontarei alguns tipos de funcionamento psíquico de tais pacientes, considerando ainda que a droga tem uma função diferente e específica, de acordo com a dinâmica de cada organização psíquica

Perspectivas conceituais

Os assim chamados "pacientes difíceis" fazem parte da clínica contemporânea, em um sentido bastante abrangente. Pertencem ao grupo que os conceitos de *borderline* (casos-limite ou fronteiriços) visam a descrever. Considerando-se a noção de *fronteira* como uma área de espaço irregular, permeável e plástico, com diferentes relevos, fronteiras instáveis que oscilam, ora para o mundo externo, ora para o mundo interno, causando grande instabilidade e vulnerabilidade no psiquismo.

André Green compreende uma estrutura-limite como uma espécie de desconstrução geral indeterminada. Isto é, o limite como um transitar entre separação e junção. A noção de limite/território-fronteira tem sua funcionalidade porque reside a possiblidade de modulação e paraexcitação dos estímulos.

Em *Conferências Brasileiras – Metapsicologia dos limites* (1986), Andre Green afirma: "Compreendo os casos-limite ou a estrutura-limite como uma espécie de estrutura geral indeterminada, mas que pode se voltar tanto para o lado da neurose, depressão como para o lado da perversão, da toxicomania, da psicose". Limite no sentido de função do aparelho, em sua capacidade de movimentar-se em áreas fronteiriças e limites do analisável. Green assinala: "Dentro do psiquismo haveria diferentes núcleos que travariam uma batalha entre eles, que poderia aparecer também no próprio desenrolar da sessão" (p. 20).

Para o autor, há uma falha na constituição psíquica na qual o jogo de presença e ausência não pode promover a modulação da força pulsional nem sedimentar um espaço interno continente criador de representações estáveis. Sendo assim, os contornos do "eu" se tornam frágeis e vulneráveis com falha na discriminação mundo externo/interno. Essa labilidade terá suas consequências no suporte de tensões e conflitos, tornando a desestabilização e a ruptura mais ameaçadoras. Essa dinâmica provoca uma via de fuga e descarga que a droga pretende amenizar.

Green aborda duas angústias características dos casos-limite: a angústia de separação e perda do objeto e a angústia de intrusão, que seria o engolfamento pelo objeto. Essa dupla angústia poderia acontecer na relação sujeito-objeto tanto nos casos em que o objeto parece inacessível e inatingível como, ao contrário, naqueles em que o objeto é invasivo, "mordendo" o ego, perseguindo-o dentro de seu próprio território.

Figueiredo (2003), em seu estudo sobre o tema *borderline*, refere-se à origem do conceito nos Estados Unidos como *borderline* ou *condições-limite*. No Brasil, o conceito tem sido denominado "casos-limite", e, na França, fala-se em "estado" ou "situação-limite". O autor escreve que, originalmente, a problemática terminológica era decorrente da falta de possibilidade de definir essas estruturas, já que elas pareciam estar situadas entre a neurose e a psicose. No entanto, discute-se atualmente, em uma perspectiva mais ampla, que a clínica-limite é uma dimensão da personalidade que até poderia ser encontrada em alguns momentos da vida do indivíduo.

Em seu artigo "O caso-limite e a sabotagem do prazer", Figueiredo (2003) descreve a fragilidade e as oscilações das construções das fronteiras externas e internas do "eu" como um dos elementos responsáveis pela labilidade da organização psíquica dos casos *borderline*. Tais movimentos ocorreriam de forma dissociada entre a percepção e a ação, acarretando comportamentos desastrosos e atuadores. Nessas oscilações, estariam operando mecanismos de projeção e cisão.

A dissociação é aqui entendida no sentido de que o que acontece em um dado plano não pode ser entendido em outro, criando, assim, uma forma paralela e incomunicável. O indivíduo não preserva uma integração de seus diferentes aspectos, processo em que invalida observações, decisões e valores de tal forma que não consegue dar um sentido à sua vida. Na identificação projetiva partes do psiquismo, por não poderem ser toleradas e aceitas, são expelidas e colocadas para fora, acarretando uma alteração da percepção e do julgamento, o que empobrece o funcionamento mental.

Winnicott considera que, diante das frágeis fronteiras do mecanismo de dissociação, utiliza-se uma estratégias defensiva . Entre a cisão e o conflito, instala-se um "falso *self*", na tentativa de equilibrar-se, ainda que de forma precária.

Outros autores, como Otto Kernberg (1989/1991), indicam o termo *borderline* como uma estrutura e personalidade, com características próprias e definidas. Kernberg avalia as estruturas neuróticas, *borderline* e psicóticas por meio de três critérios: integração da identidade, operações defensivas e teste da realidade. Estabelece uma diferenciação entre dois tipos de operações defensivas: de alto nível e de baixo nível. O primeiro é utilizado na dinâmica da personalidade neurótica, que se serve da repressão e de outras operações defensivas. O segundo é mais primitivo porque visa a proteger o paciente contra a desintegração do ego. A cisão, a negação e a desvalorização buscam manter separadas as experiências contraditórias do *self*. O ego não consegue suportar a ansiedade gerada pela percepção de ambivalência e incoerência, necessitando cindir para evitar ou controlar a angústia. As operações defensivas de baixo nível, utilizadas por pacientes fronteiriços, são: cisão, identificação projetiva, negação, idealização primitiva, desvalorização e onipotência. Essas formas de operações defensivas, por si mesmas, têm o efeito de enfraquecer o ego, debilitando-o ainda mais.

A partir da clínica, na supervisão dos casos clínicos, procurei descrever algumas modalidades de funcionamento psíquico e ressaltar a função e o uso da droga em cada problemática em questão.

Configurações psíquicas da atuação

A velocidade vertiginosa das atuações desses pacientes sobre o meio circundante nos permite identificar variáveis que funcionam como força propulsora desencadeante de tais atuações, levando-nos a entender que o chamado "adolescente difícil" causa grande impacto dentro da clínica.

Nos adolescentes difíceis ou em muitos atuadores, encontram-se expressões de movimentos pulsionais tão brutais que provocam descargas maciças favorecedoras de caminhos mais regressivos, como fuga do problema, pensamento mágico, condutas aditivas.

Falar em psicopatologia na adolescência é delicado porque esse período de vida é marcado por desarmonia entre corpo-mente, potência-impotência, ilusão-desilusão, de tal forma que o fazer e o conhecer são a mesma coisa.

A ação, o experimentar, é uma forma de existir e ter um sentido, atos que, em sua descarga, evitam o conflito e a angústia em vez de pensá-los. A força dos processos primários sobre os secundários impede um delineamento de fronteiras. Ou melhor, o ego, tomado por invasões do processo primário, fica como que encharcado pela excessiva adicção.

Essa força brutal é viabilizada por meio da expressão em atos concretos de cólera, raiva, impotência, manifestados em comportamentos disruptivos, carregados de elementos destrutivos, impossibilitando o encontro de outros caminhos de expressão.

A primazia da ação empurra o indivíduo a colocar-se em situações-limite; todas as adversidades são evacuadas psiquicamente por meio das condutas aditivas: compulsão por medicamento, droga, sexo, jogo, alimentação etc. Em outros casos, o palco estará no corpo, com o uso de drogas, com distúrbios alimentares, mutilações e até suicídio.

As falhas dos mecanismos repressivos são indicadas pela fragilidade dos limites e das fronteiras do "eu", que não fazem barreira diante das estimulações em que aspectos são cindidos e atuados, provocando dissociações importantes, sem a possibilidade de o sujeito envolver-se e responsabilizar-se.

Paula era uma jovem de 18 anos que se apaixonou por um jovem drogado. Passou a consumir drogas nos programas do casal, deixando-se envolver em várias orgias e situação de risco. Acreditava estar vivendo um grande destino de amor; seriam um casal unido a qualquer custo. Ele, o mais viril, requisitado e bonitão da turma do bairro; ela, a sua garota, disposta a acompanhá-lo em tudo.

Estabeleceu-se entre eles uma relação muito tumultuada, marcada por brigas e agressões. Sujeita a ataques de fúria, quando contrariada, Paula fazia verdadeiros escândalos e quebra-quebras. No entanto, a relação se mantinha estável, com os dois jovens alimentando-se mutuamente. Diziam-se "colados" e predestinados, formando um par inacessível aos apelos do mundo externo.

Havia em Paula uma urgência extrema de ver-se livre de qualquer sofrimento, de buscar a droga ou o hedonismo com sofreguidão para não ter de haver-se com a falta, que nela era vivida como uma humilhação ou como desamor. Contudo, em sua fala, mostrava-se desdenhosa e arrogante se eventualmente tocássemos nesse assunto. A exacerbação da sensualidade e os comportamentos lascivos conservavam as características de uma sexualidade polimorfa e perversa própria da infância. Essas forças pulsionais levaram-na a buscar descargas abruptas e apaixonadas, sem o recuo suficiente para avaliar se a situação era a mais propícia ou se o objeto de satisfação seria o mais duradouro. Quando tomada pelo desejo, não hesitava em seduzir, manipular ou engabelar o outro para atingir sua meta. Portanto, Paula convivia com a dificuldade de considerar os motivos alheios e de levar em conta as circunstâncias. Sua percepção era a de que todos os acontecimentos giravam em torno de sua pessoa, o que é típico do narcisismo infantil, e a culpa era sempre do externo. Todas as emoções e necessidades eram vivenciadas de uma maneira intensa, impetuosa e absorvente, restringindo-se os recursos da função egoica de mediação.

Em seus relatos, ela parecia não ter autocrítica ou dar-se conta dos elementos destrutivos de suas condutas. Além disso, estas pareciam servir para ela exibir-se e provocar impacto na analista. Havia uma hipersensibilidade a qualquer comentário meu, que facilmente era entendido como crítica, o que a levava a negá-los ou julgá-los caretas. Parecia obter uma satisfação narcísica de sentir-se potente e vivendo um "grande amor". Dizia: "... É algo muito nosso, uma coisa muito forte. Tem gente que fica namorando sem tesão, uma coisa chocha, sem brilho, sem conversa. Você já viveu isso?!"

O contexto de suas sessões trazia muitas atuações que pareciam um desejo de afirmação. "Eu e meu namorado... Na hora, eu fico brava com ele, mas, depois, não tô nem aí... Sou mais eu... Quero que todo mundo se dane... Bebi mesmo... Quem não gosta que se mude."

Opor-se ao mundo dos "adultos" e agarrar-se ao namorado na droga era um modo de triunfar e ser potente, e de ser tudo; nada lhe falta. A evasão da frustração, fuga da realidade, empobrece a possibilidade de outras vias representacionais, o que incrementa a atuação e a concretude na ação.

Piera Aulagnier (1979/1985) e Joyce McDougall (1989/1991) trouxeram contribuições importantes acerca das condutas passionais e adictas. McDougall emprega o termo "sexualidade adicta" ou "objeto de necessidade". Trata-se de um modo de relacionar-se em que o outro é visto não mais como alguém que provoca prazer, mas, sim, de quem se tem necessidade, de tal forma que se faz um uso adictivo do outro, ou seja, o parceiro funciona como uma droga. Consoante com essas ideias, Aulagnier (1979/1985) refere-se às relações passionais como a um prazer que se tornou necessidade (p. 151), fazendo uma comparação entre diferentes atividades: droga, paixão e jogo. Gostaria de salientar apenas que, na comparação entre paixão e drogadicção, verifica-se um funcionamento semelhante no sentido de serem ambas formas de alienação de si por meio da idealização e do deslumbramento, impondo ao indivíduo um caráter de servidão. A urgência e descarga para atuação levam a situações tumultuadas e intensas, não só no cotidiano, vida afetiva ou profissional, mas também no processo de transferência em suas análises. Indica que, nesses casos, o afeto ocupa o lugar do objeto.

O desafio da analista era criar um espaço analítico para o pensamento diante da exuberância das atuações e da submissão ao objeto externo idealizado. Tentava perceber a experiência presente na sessão, processando como um receptor das expulsões do paciente. Como nos diz Bion, a capacidade de rêverie para o intolerável do paciente e o *holding* (Winnicott) são funções que asseguram o funcionamento do aparelho psíquico pelo continente das emoções que excedem.

Na transferência, um jogo de aproximação e distância se faz presente. Por um lado, investia na análise, com assiduidade, atitudes e associações, e, por outro, mantinha uma distância entre nós pelo receio de que a proximidade pudesse ser uma ameaça ao equilíbrio narcísico, com fantasias de intrusão.

Configurações psíquicas do vazio

Muitas vezes, encontramos adolescentes com um discurso raso, superficial, pego pela concretude imediata, em um empobrecimento de linguagem e um bloqueio de associações que, muitas vezes, parecem uma ausência de conflitos. Predomina um mundo interno esburacado, com um esgarçamento de representações, um acentuado vazio interior, além do sentimento de solidão.

Lembro-me de um jovem de 18 anos que procurou ajuda após sofrer uma crise convulsiva enquanto se drogava. Fora socorrido pelo próprio traficante e teve de defrontar-se com o perigo a que ficara exposto. Durante o período de internação, mantinha uma atitude passiva, comunicando-se por meio de um discurso desvitalizado e raso: "Não consigo pensar em nada... Tenho um branco, um... nada. Quando você fala, é bom. Parece que eu preciso que você me conte como me vê, só então eu me vejo e... É bom!"

Nas reuniões do grupo operativo, era mais apático e procurava atender às expectativas do grupo. Posicionava-se como alguém sem atrativos ou qualidades e culpava-se pela impossibilidade de cumprir o que supostamente era esperado. Desenvolvera um falso *self*, ou seja, criara um tipo de identidade que julgava ser mais bem-aceita pelo grupo.

Dentro da família foi desqualificado e colocado em uma posição inferior, e identificou-se com esse lugar. Retornando às ideias de Winnicott, uma das falhas por parte do ambiente pode ser uma impessoalidade e uma frieza nos contatos, resultando em pouca sustentação narcísica para o indivíduo. Nesse caso, temos os vínculos afetivos desvalorizados, ou seja, destituídos de valores simbólicos, correndo o risco de perderem sua função de objetos significativos que sustentem a identidade do "eu".

Seu pai era um industrial bem-sucedido na cidade, mas, dentro de casa, a relação familiar era de muitas desavenças. O jovem captava que seu pai se envolvia com pessoas da cidade não condizentes com sua posição social, com uma série de episódios que o tornava alvo de comentários. A mãe era vista por ele como alguém com quem podia contar e era, em algumas vezes, sua aliada nas disputas familiares, o que ocasionava ataques da figura paterna sobre ele.

Na ânsia de suscitar alguma forma de proteção e valorização, tornou-se bastante vulnerável à pressão do grupo ou de alguém mais forte psicologicamente, concretizando o tipo "maria vai com as outras". Parece que a entrada na adolescência foi traumática, com ele tentando diluir-se no grupo para formatar uma certa pertença e identidade. Sua turma era, de certa forma, uma família, e o rapaz tinha muito medo de não ser mais aceito em sua cidade por não fazer parte do grupo dos "populares".

Na infância, tinha sido um menino estudioso, obediente e afetivo. Referia-se à turma como se fosse sua família. Tinha amigos que gostava de ajudar e acabava se envolvendo com as drogas porque a maioria deles as usava frequentemente. Ocorre que, ao ter a convulsão, sentiu-se muito fragilizado, e poucos o ajudaram. Também não tinha ideia de outras formas de estabelecer trocas mais intensas e significativas, que lhe propiciassem alegria de viver, pois sua capacidade de fantasiar, de sonhar e de simbolizar estava obstruída, tanto por falhas na sua construção do "eu" como também pelo ambiente do qual provinha e que também falhara em sua função de facilitador de identidade.

A relação analítica parecia atingir um nível primário em que, na transferência, as sensações tomavam a cena, isto é, exigia do analista capacidade imaginativa para criar canais de comunicação, lançando mão de um conjunto de dispositivos analíticos a serem considerados: tom, gestos, silêncio, corpo e fala, como expressões de estados de mentais. Levando em considerações esses aspectos, eu os traduzia em forma de palavras que fizessem sentido a essas vivências.

À medida que conquistava mais autonomia e saía do lugar de "drogadito" da família, despontava o alcoolismo do pai e a revelação de suas atuações, e a ruptura do pseudoequilíbrio de seus pais como casal. Depois, com o vínculo transferencial estabelecido, passamos para o atendimento no consultório, no sentido de recuperação de laços, sonhos e projetos para conduzir sua vida em outras bases.

Experiências vinculares traumáticas

Do ponto de vista do relacionamento familiar, no trabalho com esses adolescentes, pude perceber a recorrência da interação dos pactos perversos que se estabelecem nas relações afetivas.

Observamos que muitos pacientes foram submetidos a ambientes desfavoráveis com vínculos afetivos perversos, o que dificultou sobremaneira a construção de uma arquitetura mental que lhes pudesse dar sustentação ao longo do desenvolvimento. As experiências vinculares, quando traumáticas, intensas e repetitivas, produzem incorporações de vínculos frustrantes, que tornam crônica uma situação em que o sofrimento prevalece sobre as vivências amorosas.

Refletindo sobre minhas observações e pensando o trauma do ponto de vista conceitual, recorri a Freud (1920/1976), em "Além do princípio de prazer". Nesse texto, o autor aprofunda o estudo da noção de trauma, aludindo ao jogo do carretel, por meio do qual a criança reage ao sofrimento provocado pelo abandono da mãe com um ato dinâmico para encontrá-la. A criança que teve de submeter-se a esse sofrimento passivamente, na tentativa de superá-lo e de, quem sabe, elaborá-lo, transforma-o em uma situação lúdica, pela qual, de forma ativa e por meio da fantasia, tenta trazer de volta a mãe para junto de si e exercitar-se magicamente no controle de suas idas e vindas. As crianças repetem, em seus jogos, tudo aquilo que lhes causou intensa impressão. No estudo da situação traumática, encontramos sempre, então, a situação externa ou interna projetada, e a maneira como o ego a enfrenta. Para Freud, trauma era, portanto, "a experiência da impotência" por parte do ego diante do acúmulo de excitação.

Winnicott designa como "preocupação maternal primária" aquela capaz de proteger a criança contra as excitações. Os estímulos desprazerosos são projetados sobre a mãe, e a criança mantém, assim, a ilusão de onipotência sobre o bem-estar, que se constitui em fé, em confiança. Ao emprestar suas próprias funções de ego, a mãe ajuda a criança a retirar energias narcísicas e a fazer ligações de objeto. Nesse sentido, a mãe desempenharia o papel de um ego auxiliar, que daria suporte às funções egoicas da criança. Na experiência traumática há uma reorganização das defesas em um nível mais primitivo, uma vez que "o indivíduo teve interrompida a linha contínua de sua existência, rompida pela reação automática à falha ambiental" (Winnicott, 1967/1994, p. 155). A construção da experiência de uma individualidade e de objetos significativos fica, em sua gênese, comprometida pela falha da equação ambiente-indivíduo, um tipo de cisão que tem efeito de trauma.

Entendemos por "trauma", aqui, uma experiência para cuja elaboração não havia, em um determinado momento, a defesa suficientemente organizada. Nessa linha de pensamento, "trauma" é visto como um impacto provindo do meio ambiente e da reação do indivíduo a ele, que ocorre anteriormente ao desenvolvimento, por esse indivíduo, de mecanismos que tornem a experiência previsível (*ibid.*).

A exposição a um ambiente traumático, associada à fragilidade dos objetos internalizados, debilita o *self*, que se torna vulnerável a qualquer tipo de pressão, como se fosse revestido por uma película muito porosa e inconsistente. Fica, assim, comprometida a integração dos objetos, tornando a identidade difusa e permeável, com oscilações das fronteiras e contornos do "eu".

À medida que a adolescência promove uma reedição da conflitiva edípica infantil, ocorre a necessidade da elaboração de lutos, para então ser lentamente estruturada uma identidade e um lugar de inserção social. Nas famílias pouco estruturadas e com poucas estratégias para enfrentar suas dificuldades, os adolescentes acabam por procurar, cada vez mais, soluções externas como forma de apoio e satisfações. O próprio processo da adolescência nesses jovens já se torna muito comprometido.

A seguir, traremos como exemplos observações que realizamos a respeito das famílias de moças adolescentes usuárias de drogas.

Nessas famílias, o filho, muitas vezes, cumpre a função de solucionar e tamponar falhas na relação do casal, ou seja, de ocupar o lugar vazio do pai e ser o objeto para o qual se dirige a projeção de ideais maternos. Sabe-se que, em famílias de adolescentes homens, a ausência da figura do pai possibilita que o filho fique aos "cuidados maternos" de forma tal que acaba por ficar à mercê das exigências ou por ser alvo de intensas projeções maternas. Portanto, poderá se tornar "a droga da mãe", na medida em que ela se preenche cuidando do "filho problemático" e dedicando-se a ele em detrimento de si mesma. Sabemos como a ausência de uma figura paterna significativa deixa marcas na incorporação do superego, pois afeta a mediação entre o desejo e a realidade, dificultando a função paterna e a elaboração do interdito cultural.

No nosso trabalho, observamos, com muito interesse, que a situação das moças se mostrava diferente do que é reportado na literatura sobre a ausência da figura paterna.

Na família de uma adolescente, encontramos uma dinâmica diferente. A figura paterna geralmente se apresenta como um objeto sedutor, onipotente e envaidecido junto à filha. O pai exerce uma fascinação que comanda as realizações familiares e, muitas vezes, é enaltecido por todos. Ele seria um representante de força e virilidade, que parecem ser reasseguradas pela filha, já que ela também o idealiza. A figura paterna, assim atuando, estimula e concede uma força maior às fantasias edípicas das meninas. Observa-se entre pai e filha uma relação intensa, de colorido incestuoso, uma aliança da qual a esposa-mãe fica excluída e descartada.

Em observações clínicas, verificamos mensagens, verbais ou não, lapsos e chistes que ilustram tal dinâmica. Menciono como exemplo o caso de uma jovem modelo muito bonita que fazia uso de maconha, cocaína e bebia muito. Tinha inúmeros relacionamentos, principalmente com outras pessoas que faziam uso de drogas em baladas, festas etc.

Havia um certo clima de flerte e até apresentações do tipo "minha mulher", referindo-se à filha. Como era modelo e muito bonita, o pai nos disse, de forma muito natural, que só permitia que a fotografassem despida quando ele estivesse presente.

Verificamos também uma alta frequência de pais com sucesso em suas profissões, mas cujo êxito revestia-se de um caráter duvidoso, mantendo certo mistério sobre suas reais atividades ou sobre se, de algum modo, cometiam delitos e trapaças. Cria-se na menina uma estrutura superegoica lacunar, facilitando atuações por meio de práticas marginais e uso de drogas. Diante de qualquer limite ou frustração, a reação é intempestiva, com atuações compulsivas e indiscriminadas, tanto no uso de drogas quanto na atividade sexual.

Encontramos, nesses casos, uma exacerbação da sexualidade que favorece práticas promíscuas e marginais, e, ainda, adicções com atitudes afetivas indiscriminadas e inconsequentes. A carga de destrutividade dirigida contra as representações parentais internalizadas é feita por intermédio da adicção. O contato com a figura paterna é invasivo e erotizado, e a intensidade e o impacto dessa aproximação podem ser amenizados pela droga, que tem uma função de sedativo para a estimulação excessiva de fantasias incestuosas e desorganizadoras. A função paterna estruturante é tênue, havendo um triunfo fálico questionador da lei, do "não" e dos limites.

A imago materna está denegrida e destituída de força, e pode ocorrer uma aderência a figuras e objetos idealizados (ídolos, drogas etc.) como forma de rivalizar e sobrepujar a mãe em fantasia. Era comum observarmos poucas associações com a figura materna, descaracterizada em sua importância.

É importante levar em consideração que a sequência de pactos perversos, mal-entendidos e duplas mensagens, que permeiam o relacionamento familiar, pode funcionar como elementos traumáticos na incorporação e introjeção de objetos significativos. Esse ambiente tenso e pouco propício para o crescimento provoca a abertura de fissuras no arcabouço da estrutura mental e funciona como microtraumas, que minam o processo evolutivo, comprometendo a integração interna e o desenvolvimento de recursos mentais.

Como vimos, diante das diferentes funções do uso de drogas, um olhar e a escuta analítica visam à recuperação de um sujeito mais autônomo, por meio da criação de um espaço entre o sujeito e seu ato, em que a palavra adquire força e espessura para promover outras formas representativas e simbólicas.

Referências

Alvarez, A. (1994). *Companhia viva: psicoterapia psicanalítica com crianças autistas, borderline, carentes e maltratadas.* Artes Médicas. (Trabalho original publicado em 1992).

Anzieu, D. (1989). *O eu – pele.* Casa do Psicólogo. (Trabalho original publicado em 1985).

Aulagnier, P. (1985). *Os destinos do prazer.* Imago. (Trabalho original publicado em 1979).

Ferrari, B. A. (1996). *Adolescência: o segundo desafio – considerações psicanalíticas.* Casa do Psicólogo. (Trabalho original publicado em 1994).

Figueiredo, L. C. (2003). *Psicanálise: elementos para a clínica contemporânea.* Escuta.

Freud, S. (1976). Além do princípio do prazer (Edição Standard Brasileira,Vol. 18). Imago. (Trabalho original publicado em 1920).

Green, A. (1988). A mãe morta. In *Narcisimo de vida, narcisimo de morte.* Escuta. (Trabalho original publicado em 1980).

Green, A. (1990). *Conferências brasileiras de André Green: metapsicologia dos limites* (pp. 247-282). Imago. (Trabalho original publicado em 1986).

Gurfinkel, D. (2001). *Do sonho ao trauma: psicossoma e adições.* Casa do Psicólogo.

Kernberg, O. (1991). *Psicoterapia Psicodinâmica de Pacientes Borderline*. Artes Médicas. (Trabalho original publicado em 1989).

McDougall, J. (1991). *Teatros do corpo: o psicossoma em psicanálise*. Martins Fontes. (Trabalho original publicado em 1989).

Winnicott, D. W. (1994). O conceito de regressão clínica comparado com o de organização defensiva. In *Explorações psicanalíticas* (pp. 151-215). Artes Médicas. (Trabalho original publicado em 1967).

9. Entre a dependência e a adicção[1]

José Alberto Zusman

> *O fator biológico é um longo período de tempo durante o qual o jovem da espécie humana está em uma condição de desamparo. . . . Então, o fator biológico institui as incipientes situações de perigo e cria a necessidade de ser amado que acompanhará a criança pelo resto de sua vida.*
>
> Freud, 1926 [1925]/1959

Quando nos defrontamos com a fragilidade de nossa própria existência, criamos um complexo sistema para garantirmos nossa subsistência, que é a posição neste trabalho composto por dois eixos centrais do desenvolvimento humano: o eixo da dependência e o eixo da adicção. Esses eixos análogos e complementares surgem e fluem juntos pelas nossas vidas. Eles se alternam entre corrida paralela e colisão nas perpendiculares, movendo-se, em alguns momentos, em direção à saúde e, em outros, em direção à doença. O eixo da dependência nos leva mais em direção ao crescimento e,

1 Tradução de Ana Maria Baccari Kuhn.

ao mesmo tempo, é o eixo mais frágil. O eixo da adicção abrange as patologias que incluem um fracasso na formação das representações mentais simbólicas.

O eixo da dependência progride de um mundo concreto-somático, objetos transitórios da infância, para o mundo simbólico-abstrato, objetos transicionais da maturidade. Embora o eixo da adicção se inicie ao mesmo tempo que o eixo da dependência, permanece restrito aos elementos concreto-somáticos por toda a vida. Diferentemente do eixo da dependência, que está associado à criatividade saudável, o eixo da adicção é marcado pelo empobrecimento da abstração mental e pelo comportamento adictivo.

Todos os seres humanos são vulneráveis a transitarem em direção ao eixo da adicção. As maiores questões são apenas por quanto tempo permanecem lá e qual o possível prejuízo resultante dessa experiência. Winnicott (1971/2005), em *Playing and Reality*, explica que, se o bebê permanece separado de sua mãe por excessivo tempo, persistente prejuízo pode ocorrer, e esse prejuízo pode incluir um retorno à direção concreta, a satisfações imediatas (p. 131). Às vezes, o eixo da adicção é necessário, por exemplo, quando a pessoa passa a usar substâncias adictivas como proteção ao trauma, na maioria das dolorosas circunstâncias da vida.

Caso clínico

A seguir, apresento o caso de Martha, de quem tratei por quase quatro anos. A narrativa revelará apenas como é difícil tratar de uma paciente que foi severamente traumatizada pelo desinteresse dos pais. Martha era incapaz de estabelecer conexões significativas com os outros e impotente para lidar com a dor de seu mundo interno.

Primeira sessão

Martha é uma mulher bonita, nos seus 30 anos, que me foi indicada depois de uma tentativa de suicídio, na qual ela ingeriu um número legal e ilegal de medicamentos.

Depois que saiu do hospital, nós nos encontramos para a primeira sessão. Ela parecia indiferente e afetivamente distante. Apesar de sentada à minha frente, seus olhos observavam a parede ao meu lado como se eu não estivesse lá. Sua fala era vagarosa, artificial e formal. Isso me fez sentir sonolento e distante. Senti que queria tirá-la do meu consultório, mas, reconhecendo minha reação contratransferencial, perguntei-lhe como eu poderia ajudá-la. Ela me respondeu, em tom de chacota, que era o que queria saber de mim, porque não fazia ideia. Em um esforço para encontrar algum motivo comum entre nós, perguntei sobre sua tentativa de suicídio. Respondeu-me seca e agressivamente:

> Paciente – Olhe, doutor, deixe-me ser clara: eu vim somente porque meus pais ameaçaram de me colocar em um hospital psiquiátrico. Isso é tudo o que estou fazendo: compensando o final de um acordo. Eu nem sei quem realmente sou; sei somente o que eles esperam que eu seja. Eles fingem tomar conta de mim, mas, no fundo, apenas querem que eu não traga dificuldades à família. Todos em casa se fazem de espectadores. Você, minha família, mesmo eu, todos são uma grande farsa, apenas seguindo os gestos, fazendo o que esperam de nós. Você foi convidado a participar da charada.
>
> Analista – Quem me convidou? E quem disse que aceitei o convite?

> P. – Desculpe-me, é o que eu sinto. Todos nós, inclusive você, quer você queira ou não, todos fazem parte de um perverso jogo de aparências.
> A. – Acredita que possa existir algo por detrás dessas aparências, alguma coisa que faz você não se sentir confortável em mostrar?
> P. – Você não sabe. Pode ser até indiferença, vergonha, dor e tudo mais que você não pressupõe ver ou falar a respeito. É melhor jogar o velho jogo de fazer crer.
> A. – Mesmo fazendo crer, você não está esperando nada de nenhum de nós?

Martha sorri sarcasticamente e diz que quer ir embora. Senti uma profunda angústia contratransferencial. Imaginei que, em sua lenta saída, estava me dando uma chance de pedir para ficar, mas não fiz isso. Apesar disso, quando saiu, concordou em me ver três vezes por semana. Na primeira sessão, percebi que não sentia por Martha empatia nem compaixão, e não tinha certeza se gostaria que ela voltasse.

Comentário

Eu pensei que poderia ser perigoso contar a Martha a impressão que ela me deu, especialmente porque eu não sabia as regras do jogo hostil que iniciou. Tinha a sensação de que Martha estava vivendo fora de uma história que, para mim, era estranha, mas muito familiar para ela, e que esta sabia e aproveitou-se do fato de que tínhamos de acabar essa história juntos. Entendi que, embora muitos acreditem na procura pela felicidade, o que poderíamos realmente estar procurando seria recuperar o que é familiar para nós. E, apesar da dor que isso possa causar, ela é NOSSA dor. É a familiaridade, e não a felicidade, que nos traz conforto. Um mundo desconhecido traz consigo ansiedades com as quais nunca nos deparamos.

Então, eu trouxe Martha para o seu mundo familiar. A relação transferência-contratransferência em que me embaraçou era caracterizada por suas defesas de desumanização, indiferença e agressão. Meu silêncio no final da sessão pode ter sido, inconscientemente, uma forma de retaliá-la. Eu também estava quieto, porque não queria que soasse falso. O pouco que dizia aumentava a tensão entre nós. Senti como uma desconfiança de Martha quando ela disse o que sentiu de mim no começo da sessão.

Primeiro ano de tratamento

Inesperadamente, Martha era pontual e nunca perdeu uma sessão. Seguia um ritual, chegava fadigada e, então, deitava calmamente seu corpo no sofá ou na cadeira diante de mim. Podia externalizar um longo sinal e falar como não entendeu o porquê do tratamento, e depois silenciar. Quando falou sobre sua vida, foi em referência aos seus relacionamentos adictivos, repetitivos e vazios. Falou como se relacionava com estranhos, como usou álcool e cocaína, e como pensou em acabar com sua vida. Procurou em mim sinais de reprovação, encantamento, expectativa ou medo. Ficava sensível e irritável se observasse em mim sonolência e desinteresse por suas histórias. Mesmo o menor movimento que eu fizesse ou uma mudança na minha respiração eram percebidos como desconsideração. Eu ouvia as queixas de Martha sem tentar me defender. Pouco a pouco, meus sentimentos mudaram de indignação para curiosidade. Finalmente, pude ver que sua profunda desconfiança era uma barreira defensiva contra sua fragilidade.

Entre períodos de agressão, Martha recontava sua história. Seu pai era um intelectual e um homem muito distante. Sua mãe narcisista, preocupada consigo mesma, ia diariamente ao salão de beleza para fazer seus cabelos e unhas. As saídas familiares eram limitadas a restaurantes sofisticados com amigos de seus pais. Durante esses encontros, Martha tinha de comportar-se como uma princesa, para que pudesse receber elogios dos amigos de seus pais sobre suas maneiras perfeitas. Em suas próprias palavras:

> P. – Eu estava aborrecida, sem sentido, por isso devaneei, inventando histórias em minha cabeça, o que poderia acontecer se eu estivesse com amigos que não tinha... Seria bom, porque meus pais me mandariam ao centro comercial para eu comprar as bonecas que eu quisesse. Eles eram meus verdadeiros amigos, fazendo o que eu queria. Eu tinha o chá da tarde em casa com eles; se fôssemos ao restaurante, era com os meus pais.
>
> A. – Algumas vezes quando a ouço, tenho a impressão de que pode estar pensando que me desinteresso por você. Nós podemos preencher este consultório com bonecas inanimadas que estão sob o seu controle?
>
> P. – Não seja tolo. Isso foi quando eu era criança. Mas existe uma coisa em que você não está totalmente errado. Eu apreciava tudo o que era inanimado; os humanos são aborrecidos. Essa é uma regra que ainda hoje sigo. Se eu quiser me alegrar, uso cocaína. Se eu quero ir a uma festa, uso *ecstasy*...
>
> A. – Conversar com as pessoas não te acalma?
>
> P. – Não. As pessoas me aborrecem. Eu conseguia ficar calma com álcool, maconha, cocaína e sexo, muito sexo, com homens e mulheres, brincadeiras... fiz

tudo isso. Até que quase morri ao tomar remédios e calmantes com álcool. Foi como vim parar aqui.

A. – O que a machuca tanto?

P. – É engraçado você me perguntar isso. Ninguém nunca quis saber. Atualmente, você é parecido com mais alguém que não pode ver, como meu pai. Pode ver isso? Não é óbvio? Eu me sinto como se ainda fosse aquela garota pequena, abandonada, fingindo ser socorrida por amigos, bonecas que sei que nunca sentiram nada por mim porque não podem sentir.

A. – Você ainda está fingindo para mim? Ou pensa que eu estou fingindo para você?

P. – Isso é óbvio. O paciente que nunca está atrasado, que paga em dia e que nunca melhora é o paciente que ficará aqui para sempre. Não é isso que você, analista, gosta? Você realmente se preocupa comigo?

A. – Pode ser que eu esteja aqui tentando ajudá-la a ficar melhor, ajudá-la a sentir-se como você mesma.

Comentário

Martha começou a estreitar o espaço emocional entre nós. Começou a abrir-se a respeito da solidão que sentia em sua vida e da negligência que sentiu quando criança. Eu estava lembrando-me dos pensamentos de Winnicott (1971/2005) sobre a separação de um bebê de um dos pais. Se um cuidador permanece longe de seu bebê por muito tempo, a separação pode trazer consequências traumáticas e irreversíveis para o seu desenvolvimento (p. 131). Tive de enfrentar o ressurgimento da dependência infantil de Martha, e isso causou um receio que, eu como adulto, diria a ela. Martha esperava que eu pudesse confortá-la, cuidar dela e preveni-la de sérios riscos. Seu convite à agressão, pouco a pouco, deu lugar a um outro tipo de parceria, parecendo menos tóxica. Alguma coisa estava mudando em nossa relação. Entretanto, quanto mais ela começou a confiar em nosso relacionamento, maior era seu medo de eu ter um controle sádico sobre ela.

Final do terceiro ano, começo do quarto ano

Martha chegou na hora, com um humor particularmente satisfatório. Suas roupas estavam mais coloridas, e seu discurso, mais vivo e vibrante. Na noite anterior, encontrou um jovem homem em um bar. Ele não tentou levá-la imediatamente para a cama. Ao contrário, conversaram a noite toda. E tinham muito em comum. Na adolescência, ele perdera seus pais, que amava profundamente, em um acidente de carro. O jovem tinha carinho pelos pais que lhe foram tirados; Martha tivera terríveis pais, que ainda estavam vivos.

> P. – Doutor, essa foi a melhor noite que tive durante toda a vida. Não queria que tivesse acabado.

Estava preocupado com o fato de que Martha estivesse idealizando o jovem homem que tinha acabado de encontrar. Parecia uma adolescente em um romance platônico. Uma imagem veio à minha mente: a de uma moeda que estava virada do outro lado. Pensei que esse jovem poderia estar, como eu, assustado pelo excesso de zelo de Martha. Cuidadosamente, eu disse:

> *A. – Você realmente pensa que um encontro é suficiente para ter certeza a respeito desse jovem homem?*

De repente, o humor de Martha mudou. Pareceu-me aborrecida com meu comentário e disse:

> P. – Não, doutor. O que estou contando é como finalmente fui sortuda o suficiente para encontrar a melhor pessoa do Universo. Você sempre me disse que eu poderia fazer minhas escolhas. Está com ciúmes? Pensa que você é a única pessoa boa no mundo?
> A. – Por que está tentando bravamente me convencer de que sabe o que é melhor para você? Sei que está imensamente feliz por ter encontrado esse jovem homem, mas você está feliz sobre si mesma ou está feliz por mostrar para mim que foi capaz de fazer isso?

Martha, olhando desapontada, disse: você está certo. Percebo as coisas no tom da sua voz. Nunca lhe contei, mas, um pouco antes, minha mãe me deu um ultimato: se eu não encontrar alguém, ela vai me fazer casar com um de seus vizinhos, um velho e horrível sujeito. Disse que o relógio está tocando, e em breve ninguém vai me querer. E agora, por acaso, encontrei alguém legal.

> A. – Martha, você encontrou alguém legal ou alguém que pode salvá-la de sua mãe, a quem você não pode desobedecer?

Martha levantou-se do sofá. Parecia muito machucada. Saiu do consultório e faltou nas duas sessões seguintes. Fiquei preocupado, pois esses modos não tinham nada a ver com ela. Havia se passado uma semana, e resolvi enviar uma mensagem pelo WhatsApp para saber como ela estava. Cinco dias depois, seu pai me telefonou e contou-me que Martha tentara novamente suicídio.

Fui à clínica ver Martha e encontrei-a em seu quarto. Embora estivesse acordada, recusou-se a falar comigo, ou mesmo a olhar para mim. Desta vez, a tentativa de suicídio fora mais grave. Depois de uma semana de recusa em me ver, decidiu conversar e pareceu estar de bom humor. Começou falando como se tivéssemos nos visto no dia anterior.

> P. – Uma maldição da mãe é desagradável, doutor. Quando contei a ela como estava feliz porque finalmente encontrara um sujeito legal, ela disse que meu relacionamento não era sério e que não duraria um mês. Quando isso aconteceu, não tínhamos ainda tido o terceiro encontro. Ele até enviou uma mensagem de WhatsApp, contando que havia conseguido um emprego fora da cidade e que estava partindo imediatamente. Isso doeu tanto que comecei usar tudo o que eu podia para atenuar a dor. Bebi, usei heroína e, no final, cortei meus pulsos.
> A. – Você saiu tão magoada na nossa última sessão que não nos deu uma chance de tentarmos nos entender melhor.
> P. – Porque pensei que você estava no time deles, esperando o pior para mim. Pareceu os meus pais falando comigo. Eu me senti como quando era criança e encontrava proteção nas minhas bonecas. Fui beber e usar cocaína.

Comentário

Então, entendi que Martha estava procurando que eu a ajudasse a encontrar recursos para lidar com os desapontamentos e a resistir à maldição de sua mãe, de que ela nunca poderia ser uma pessoa feliz. No momento de sua mais profunda dor, Martha foi confrontada com o velho eixo da adicção como um caminho seguro. Esse eixo, que, para algumas pessoas, manifesta-se à menor frustração, muda as conexões humanas por conexões com objetos inanimados, objetos que forneçam refúgios e manifestações em um mundo de objetos concreto-somáticos.

Em nossa sessão, quando fracassei em valorizar seus esforços, tornei-me um objeto hostil, indiferente e desumanizado. Talvez, se eu tivesse sido mais agradável, mais sincronizado com seus sentimentos, ou tivesse mostrado prazer com seu progresso, ela pudesse ter tido condições de superar a dor. Com a partida abrupta do jovem homem que encontrou no bar, Martha sentiu-se novamente abandonada por todos, inclusive por mim. Seu eixo de dependência revelou seu eixo de adicção. E, quando se deparou com o medo de sua fúria, projetada contra um mundo irritante, preferiu um gesto de prevenção e cometeu um grave ataque contra si mesma. Foi puxada para a posição paranoide, descrita por Melanie Klein. Além disso, Martha aplicou um sério ataque em nossa estabelecida conexão: queria me mostrar sua indiferença e que o mundo de nosso tratamento não lhe fazia bem.

Depois de duas semanas no hospital, Martha voltou a me ver. Comportou-se de modo similar à primeira vez que veio ao consultório, mas, agora, estava mais envergonhada do que indiferente. Possivelmente, o *holding environment* que estava implícito nas minhas frequentes visitas à clínica para ajudar Martha fez com que ela se reconectasse com o eixo da saúde da dependência. Olhou-me direto nos olhos, parecia triste; e percebi que estava procurando o equivalente de seus sentimentos nos meus olhos.

P. – Sei que se preocupa comigo. Foi me ver na clínica todos os dias. Meus pais não foram nenhuma vez. Estive pensando muito quando fiquei na clínica e pensei se realmente quero morrer. O que quero é um mundo de pessoas verdadeiras, que me amem, mesmo que me desapontem. Realmente, você também me desiludiu. Enviou uma mensagem pelo WhatsApp quando quis saber como eu estava passando. Por que não telefonou?

A. – Você teria atendido o telefone?

P. – Não sei, mas teria gostado. Às vezes, penso que amedronto as pessoas. E, quanto mais preciso delas, menos aparecem.

Conclusão

O movimento de Martha em direção à idade adulta era ameaçador, e, como consequência, ela voltava à dependência infantil. Nunca esteve muito longe do eixo da adicção. Parecia ser um pouco mais capaz de manter contato comigo e, então, ter acesso aos prazeres estáveis que um adulto dependente pode ter. Casement (2019) chama esse estado de *necessitado*, que repousa no eixo da dependência. Quando se depara com grandes desapontamentos, Martha ainda é tentada a desistir, voltar para objetos inanimados e conexões desvitalizadas, em direção ao que Casement chama de *insuficiente*, ou ao que descrevo como *eixo da adicção*. O maior obstáculo a ser derrotado era a atração de Martha pelo eixo da adicção, devido a sua fragilidade e intolerância ao desapontamento. Enquanto alguém que sofre está sempre procurando melhorar, a construção de verdadeiras conexões no mundo da dependência é um processo vagaroso. O avanço do infantil para a dependência madura requer resiliência e uma estrutura efetiva para testar a realidade. Esses atributos podem permitir que Martha confronte suas dificuldades com ampla gama de opções, em vez de rápidas, mágicas e falsas soluções. Permitindo-se isso, as conexões que estabelecemos oferecem uma oportunidade de continuarmos no caminho do eixo da dependência.

O eixo da dependência

> *A maturidade individual implica um movimento em direção à independência, mas não existe essa coisa de independência. Não seria saudável para um indivíduo ser muito retraído como sentir-se independente e invulnerável. Se essa pessoa está viva, então haverá dependência. Dependência mental ou familiar.*
>
> Winnicott (1990, p. 21)

Desde que se possa falar que a independência absoluta não existe, exceto como um objetivo idealizado e inalcançável, sinto que é mais apropriado substituir o termo *independência* por *eixo da dependência*. Na verdade, nunca abdicamos da nossa dependência de outras pessoas, e nossas vidas estão limitadas nesse eixo, do começo ao fim.

Na fase incipiente, absoluta dependência, inauguramos o núcleo dos dois eixos da dependência e das adicções. Entretanto, nessa fase, estamos fechados para o eixo da adicção. A fase de absoluta dependência ocorre nos primeiros três anos de vida. Gradualmente, experimentamos relativa dependência e, no esperado curso, aspiramos à interdependência. Margareth Mahler contribuiu com ambas as pesquisas observacionais a respeito desse crucial período do desenvolvimento humano (Mahler, Pine & Bergman, 2000). Subsequentemente, dados neurocientíficos confirmaram o que a psicanálise observou: Maté (2010) descreve como nosso sistema nervoso continua a produzir neurônios e conexões neurais nos primeiros três anos, no mesmo ritmo encontrado durante a gestação. A segurança e a estabilidade do bebê, encontradas no meio ambiente, este descrito como cuidados dos pais, em última análise, definem quais neurônios sobreviverão e quais conexões estarão ou não em um processo chamado *darwinismo neural*. Seguindo a mesma linha de pensamento, Solms e Turnbull (2002, p. 11) afirmam que:

> *. . . a moderna neurociência está começando a despertar a respeito do papel do desenvolvimento do cérebro pela experiência, pela aprendizagem e pela qualidade das facilitações do meio – não somente durante a infância – resumindo, a fina organização do cérebro é literalmente ESCULPIDA pelo meio em que se encontra.*

Alinhado com Maté e Solms, Siegel (2012/2015, p. 22) afirma que:

> *. . . as experiências interpessoais continuam ao longo da vida a influenciar as funções de nossas mentes, mas a maior das estruturas – especialmente aquelas que são responsáveis pelo self-regulação – são formadas, inicialmente, nos primeiros anos . . . novos achados do estudo da neuroplasticidade revelam que o cérebro está aberto para o desenvolvimento posterior em todo o tempo de vida.*

Interações genéticas nos relacionamentos humanos e a qualidade do meio ambiente, especialmente os relacionamentos com nossos doentes, definem o futuro adulto que nos tornaremos.

Fairbain (1941/1952) também lançou uma luz ao fenômeno da dependência e sua importância para o desenvolvimento humano. Em seu artigo "Uma revisão psicopatológica das psicoses e psiconeuroses", de 1941, ele afirma que "a total dependência do recém-nascido tem um caminho gradual para a dependência madura da personalidade adulta" (p. 145 apud Skolnick & Scharff, 1988, p. 12). Outro importante psicanalista seguiu similar linha de pensamento. De acordo com Tonnesvang (2002), em "A restauração do self" (Kohut, 1977), "o entendimento da maturidade e autonomia como independência foi substituído por um entendimento da autonomia como madura independência" (p. 154). Alguém pode dizer que a independência é um mito pessoal e cultural, inexistente e fora de alcance. O máximo que se pode alcançar no estado de saúde é tornar-se independente com outro ser humano e escolher consciente e inconscientemente de quem depender.

Em primeiro lugar, temos de ter um ponto de vista que esteja harmonizado com o nosso próprio *self* e que nos valide como uma pessoa. Segundo Bergman, "a adaptação da mãe com o bebê e das capacidades emergentes do bebê para se sintonizar com a mãe é a base de seus íntimos relacionamentos" (Mahler, Pine & Bergman, 2000, p. 17). Pelas introjeções e identificações, formamos o que servirá como uma espécie de "esqueleto psíquico". Os relacionamentos que estabelecemos com nossos introjetos formam o núcleo central de nosso *self*. A identificação é a versão mais madura de nossos relacionamentos com introjeções. De acordo com Laplanche e Pontalis (1973), o termo *identificação* deve ser distinguido de outros termos familiares, como *incorporação* e *introjeção*. Incorporação e introjeção são "protótipos da identificação ou como qualquer outra fase de certos modos de identificação no qual o processo mental é experimentado . . . era como corporalmente (ingerindo, devorando, mantendo algo dentro de um self)" (p. 207). Tais espécies são instáveis, transitórias e não metabolizáveis, e não mudam a representação do *self* nas últimas trajetórias. Com respeito à identificação, em contrapartida, a representação do *self* é alterada na integração, processo estável por semelhança com o aspecto específico do objeto feito por si mesmo (Olesker, 2018).

Segundo Winnicott (1990), "trauma significa a parada da continuidade na linha da existência de um indivíduo" (p. 22). Ele identifica qual o melhor eixo de dependência: a continuidade de nossos *selves*. No evento traumático que interrompe nossas progressões evolucionárias ao longo do eixo da dependência, somos forçados a virar em direção ao eixo da adicção, como uma tartaruga que se protege entrando em sua casca. Quando isso ocorre, tornamo-nos aprisionados, temporária ou permanentemente, em nosso estado mais infantil e devemos confrontar uma série de consequências que podem ter desenvolvimento catastrófico.

Períodos prolongados dos pais e o meio cuidador são mais fundamentais para os humanos do que para outras espécies. Desejamos relacionamentos com outros seres humanos, e a falta ou o fracasso dessas conexões – especialmente, embora não exclusivamente – no primeiro ano de vida influenciará muito no que seremos no futuro, para melhor ou pior.

O lado maligno da dependência, se assim podemos chamá-lo, é primariamente o prolongamento da dependência infantil. Em vez de a dependência infantil se tornar um componente da dependência madura, de preferência trabalha para isso como substituta. A falta de desenvolvimento foi descrita por Balint (1968) como *culpa básica*. Segundo ele: "Um instinto precisa ser satisfeito, um conflito resolvido, uma culpa básica, talvez possa ser meramente curada abastecida por ingredientes deficientes que podem ser encontrados; e até mesmo, então, só pode curar com defeito, como uma simples, cicatriz indolor" (p. 22). E também encontramos adultos que estão "prejudicados", prisioneiros em um estágio infantil de desenvolvimento, passivos, perdidos no meio de objetos animados e inanimados, ou sob a influência do pensamento mágico. São adultos-crianças procurando desesperadamente por um Outro.

Dependência não é sinônimo de patologia. Segundo Philip Flores (2012), "dependência não é só um termo confuso e pejorativo, mas reflete um grande preconceito em nossa cultura que só reflete nossa obsessão pela . . . independência" (p. 89). A ênfase incessante na completa independência provavelmente nos leva mais ao fracasso do que ao sucesso. Independência absoluta não existe. Nada mais é do que uma formação reativa que obscurece a dependência que é inata à nossa espécie. Precisamos de conexões saudáveis com as pessoas que nos rodeiam externamente e aquelas com quem nos identificamos internamente. Desde o começo de nossas vidas e para existirmos, somos dois. A partir de então, somos tantos quantos necessários para a formação da saúde e de nossa identidade.

O eixo da adicção

> *Devemos nos lembrar que damos tanta indulgência para o comportamento adictivo, quando os eventos derrubam nosso significado habitual de lidar com as situações estressantes, até o ponto de sermos incapazes de conter e pensar construtivamente a respeito. Nesses momentos somos capazes de comer, fumar ou beber mais do que o habitual.*
>
> McDougall (1995, p. 185)

O eixo da adicção também nos é útil até o fim de nossas vidas. Somos potencialmente adictivos. Recorremos ao eixo da adicção quando nos confrontamos com uma dor maior do que somos capazes de suportar. Por um breve período, o eixo da adicção pode oferecer à pessoa uma força extra para carregar ou viver. Pode acontecer que, ao perder alguém amado, seja demitido do emprego, ou submetido aos eventos da vida, como a guerra, alguém possa achar necessário se voltar para as drogas ou encontrar conforto em uma pessoa sem importância emocional, apenas para escapar à solidão ou ficar à deriva. Uma vez que a pessoa usa para restabelecer seu equilíbrio, há um natural retorno ao eixo da dependência e um afastamento do da adicção.

Para aqueles que retornaram ao eixo da adicção, existe uma falta de conexão humana adequada no cenário da organização narcísica psicológica. De acordo com Casement (2019), quando eles se referem às dores sentidas pelo adictivo, o que está sempre faltando é "um OUTRO, que possa vir para encontrar a angústia e o saudoso desencontro" (p. 3). Nas palavras desse autor,

> *. . . substitutos nunca satisfazem, na realidade nunca encontram as necessidades a serem expressas. A esperança constrói no talvez, por mais que seja qual for o substituto, está sendo observado para trabalhar melhor: mas nunca faz. A continuada procura pelo que foi perdido, pelo que precisa, torna-se adictivo. (p. 2)*

Todos os objetos do adictivo são substitutos e, como tal, fornecem somente trégua temporal e parcial. De acordo com Weegmann e Cohen (2006, p. 85), as drogas lícitas, como benzodiazepínicos, ou as ilícitas, como a heroína, são também conhecidas como *cocoon*. Quando usadas em períodos mais prolongados, objetos substitutos impedem a pessoa de sempre retornar ao eixo da dependência. A partir do momento que os objetos da adicção operam de acordo com o pensamento mágico, processo particular da infância, não existe clara distinção entre os objetos animados e inanimados.

Como resultado, drogas ou comportamento adictivo aparecem sedutoramente no lugar da conexão genuína com outras pessoas.

Embora parte do grupo de numerosas patologias, caracterizada por sua concretude e seu vazio de representações mentais, a adicção é especialmente importante devido às suas graves consequências. O que vemos na adicção é um fenômeno particular, no qual o universo infantil invade e domina o mundo adulto. A compreensão da adicção demonstra como a aparência de absoluta independência é, na realidade, somente um verniz, uma formação reativa que esconde apenas como somos todos dependentes de outras pessoas. Além disso, o estudo da adicção exibe a intersecção entre os dois eixos de nosso desenvolvimento. Na verdade, adicção nega a sensação de desamparo que resulta de nosso falso sentido de absoluta independência pela criação de conexões com objetos inanimados.

A adicção também serve para conter a dor insuportável. Mesmo enquanto faz isso, pode destruir a pessoa que está sentindo essa dor. Adictivos mascaram a dor da vida desprovidos da conexão humana. Adicções devem ser repetitivas. Mesmo depois do uso da substância, tudo isso que é abandonado tem sabor mais amargo que a frustração, pois a substância fornece apenas uma gota de prazer em um oceano de decepção. O relatório de Lance Dode, segundo o qual toda adicção é uma compulsão, mas nem toda compulsão é uma adicção, enfatiza essa verdade.

Vinheta clínica

Paul tem aproximadamente 50 anos de idade, embora aparente mais. Ele imediatamente se deita no divã do consultório e começa a falar ininterruptamente. Suas palavras são muito vazias. Era um cardiologista com uma vida restrita. Sua esposa, com quem esteve por dez anos, morreu há cinco, em decorrência de um ataque cardíaco, e eles optaram por não ter filhos. Para lidar com a solidão, trabalha o dia todo. Com seus pacientes, sente prazer e vê-se "quase jovem". Mas, quando termina o trabalho, sente-se como uma vela com o pavio tremendo. O que mais quer é ir para casa, beber uma ou mais garrafas de seus vinhos e tomar suas pílulas para dormir e dormir. Seus finais de semanas são um pesadelo; pode passar o dia todo sem sentir fome ou ter forças para sair da cama. Quando sua esposa morreu, recebeu muitos telefonemas de amigos, porém, como recusou todos os convites, estes se tornaram bem raros.

> P. – Para ser completamente honesto, eu não sinto falta de ninguém.
> A. – Ninguém?
> P. – Engraçado você me perguntar isso. Não sinto falta nem da minha mulher. Às vezes, sinto falta de conversar com as pessoas, mas ninguém específico. Quando me deito no seu divã, não consigo parar de falar. Se quiser saber, agora, nem me lembro do que eu disse a você.
> A. – Você nunca falou o nome de sua mulher.
> P. – Seu nome era Helen, mas não gosto de falar a seu respeito. Não há nada para dizer. Ela está morta, e não existe nada que eu possa fazer por ela. O jogo acabou.

Comentário

Passou pela minha cabeça que eu estava em frente a um homem que pode, em parte, ter morrido com sua esposa. É possível que esteja preservando sua vida, evitando a dor que não pode suportar.

Achou refúgio em suas pílulas, morfina e garrafas de vinho. Trabalhando, seus pacientes ajudam-no a mover-se para o eixo da dependência. Contudo, assim que termina o trabalho, sua dor o dirige de volta para o eixo de adicção, com sentimentos de desamparo. Sua experiência com seus pacientes deu-me alguma esperança de que poderia ser possível fazê-lo reviver seu sentido de união humana.

Por quase seis meses, Paul reconstruiu nosso primeiro encontro. Chegava parecendo deprimido, deitava-se no divã e, então, do nada, ligava-se e começava a falar dos pacientes que vira naquele dia. Comecei a ficar cansado dele porque me fazia sentir muito culpado. Comecei, ainda, a pensar em um colega para enviá-lo. Tive a impressão de que suas histórias eram uma estratégia para nos mantermos afastados. Falei-lhe sobre isso, mas sem resultado. Uma vez, perto do final de nosso primeiro ano juntos, quando estava novamente pensando em largar este caso, perguntou-me algo que me pegou de surpresa – e que quebrou nossa sensação desagradável, comunicação inconsciente:

> P. – Doutor, às vezes não se cansa de mim?
>
> A. – Deveria?
>
> P. – Eu ficaria aborrecido de morte de ter de escutar as mesmas histórias. Vim para uma ajuda e sinto que não posso pedir. Por exemplo, fico bravo por não me lembrar da minha mulher. Mas nunca me lembro. Ela só não morreu; desapareceu de dentro de mim. Nem consigo me lembrar de seu rosto.
>
> A. – E por que decidiu hoje dividir comigo?
>
> P. – Eu não sei. Tive o mesmo sentimento quando saí do consultório. Um vazio dentro de mim que me faz desejar uma garrafa de vinho.

> A. – Está envergonhado de perceber o quanto você está conectado comigo?
> P. – Tenho medo de que você desista de mim. Sinto que estou perdendo, do mesmo modo que perdi pessoas importantes em minha vida.

Paul começou a chorar copiosamente. Fiquei tocado. Senti-me louco por ter um pensamento de mandá-lo embora.

> A. – Tenho a impressão de que não se permite pensar ou falar sobre ela ou algum amigo porque isso o coloca emocionalmente em contato consigo mesmo ou com sua dor. Machuca tanto que lhe pregou um susto. Por outro lado, não fazendo isso, você desiste de uma importante parte de seu *self*, e sua vida corre o risco de tornar-se vazia e sem significado.

Paul continuou chorando até o final da sessão.

Comentário

Fiquei surpreso e mudei com a resposta de Paul. Talvez ele estivesse distante para não arriscar me perder como ele perdeu outras pessoas importantes. Finalmente, pude entender que sua distância era uma forma de proteger-me de sua raiva contra o mundo. Agora, estamos dividindo uma genuína e próxima experiência humana, o que me possibilitou, a muito custo, simpatizar com ele.

Contou-me que sua esposa era a segunda mulher importante que perdeu em sua vida. Sua mãe morreu quando o deu à luz, e ele foi entregue para a sua avó criá-lo. Não sabe nada sobre seu pai, a não ser que não se casou com sua mãe. Não foi responsável pela morte da primeira mulher em sua vida – era apenas um bebê –, mas foi difícil perdoar-se pela perda da segunda mulher, sua esposa. Sentiu-se bravo, culpado e sem esperança. Novamente, pergunta-me se eu estava planejando abandoná-lo. Disse-lhe que isso muitas vezes passou pela minha cabeça quando me sentia repelido, mas nunca mais; também que, diferentemente de seu pai, sua mãe e sua mulher, eu ficaria perto dele e veria se poderíamos fazer uma nova história. Senti que Paul, naquele momento, voltou do eixo da adicção.

Na metade de nosso segundo ano, Paul veio vestido com roupas mais descontraídas. Tomou seu costumeiro lugar no divã e perguntou:

> P. – Notou algo diferente em mim?
> A. – Parece mais animado, mais jovem.
> P. – Hoje decidi que vou ao cinema. É um tipo de teste. Quero ver se ainda gosto de filmes. Helen e eu éramos loucos por eles. Era a nossa diversão favorita nos finais de semana.
> A. – Tenho a impressão de que é capaz de correr um risco, porque se algo der errado, agora confia em mim.
> P. – Você está certo. Por um longo tempo, as únicas coisas de que eu dependia eram a bebida e os tranquilizantes. Não lhe contei que, antes, nunca saía da minha casa sem uma caixa de tranquilizantes no meu bolso. Agora, parei com ambos. Posso estar errado, mas sinto que nunca mais vou precisar deles.

Pareceu-me que Paul, pela conexão que se estabeleceu entre nós, estava vagarosamente, mas certamente fazendo seu retorno ao eixo da dependência. Agora, pôde redescobrir a imensa, amorosa pessoa que era. Está desperto para o quanto perdeu na vida deixando para trás seus amigos quando Helen morreu. Sentimentos de segurança, estando ele acompanhado por alguém de confiança, podem fazê-lo retornar ao eixo da dependência, no qual a vida flui em direção ao futuro.

Conclusão

O oposto da adicção não é sobriedade, é conexão.

Hari (2015/2016, p. 293)

O tratamento de um adictivo, no longo e complexo caminho de seu (re)direcionamento ao eixo da dependência, leva consigo muitos desafios para o analista. A mais importante tarefa é entender o tipo de relacionamento que a pessoa cria. Também é importante desenvolver uma compreensão dividida, do porquê de aquela pessoa ter seguido um caminho em vez de outro. Porque lidamos com uma longa série de eventos da vida que nos incumbem de trabalhar atenção e paciência. Inicialmente, começamos com o paciente em um estado de conexões concretas no universo em que o *self* e os objetos circundantes foram perdidos (trauma) ou não alcançaram pleno desenvolvimento (déficit). Nas palavras de Casement (2019), "o trauma tem sido muitas vezes aquilo que deixa em perigo, muitas vezes como uma criança, que ninguém parece reconhecer ou parece estar de modo genuíno estendendo a mão para ajuda" (p. 3). O analista precisa levar a experiência de ser tratado como uma droga ou um objeto inanimado que serve para momentaneamente atenuar a dor emocional. Se o analista tiver êxito em ajudar o paciente, também tem de lidar com a raiva do paciente por causa da demora da ajuda. O par analista-paciente pode não ser capaz de encontrar um terreno empático compartilhado por um período significante. O analista pode sofrer por ser desumanizado pelo paciente: essa dor pode ter lugar tanto intrapsíquica como intersubjetivamente. Segundo Peskin (2012), "psicoterapia do trauma é a prática da reumanização" (p. 191). O paciente, em seu estado defensivo, pode não ser capaz de considerar suas próprias necessidades humanas (cuidados pessoais) ou aquelas do analista (compaixão). O analista, afetado por seus sentimentos contratransferenciais, pode ter sérias dificuldades, tornando-se empaticamente próximo do paciente. O vazio de um relacionamento imaturo entre o par pode ser uma experiência difícil de se lidar, para ambos os lados. O sinal dessa falta de contato humano pode ser traduzido em insuportável aborrecimento. Esse é um importante sinal de como uma pessoa está se compreendendo, ou compreendendo os outros. Usualmente, isso acontece quando há uma fratura no eixo da dependência. Como resultado dessa fratura, uma falta de pensamentos abstratos e criatividade provoca um desagradável vazio. Ambos, analista e paciente, podem parar de trocar mensagens emocionais e, então, perder o contato íntimo entre si e experimentar o vazio e a solidão. Segundo Sandler e Sandler (1998, p. 49), a continuada troca de mensagens, consciente e/ou inconscientemente, define o papel do analista, e o paciente o ocupará em dado momento do relacionamento, de tal modo que um pode responder de acordo com as expectativas do outro.

Acredito que o processo de formação da estrutura mental que é capaz de estabelecer conexões e independência é vagaroso e dolorido. Um tempo considerável é necessário para formar símbolos que prepararão as representações mentais necessárias para os passos em direção à interação humana mais profunda, que é como entendemos a fase adulta de dependência. Kohut (1984) explica: "o que é temido (na solidão) não é a extinção física, mas a perda da humanidade" (p. 16). O que surge no encontro terapêutico bem-sucedido, naqueles que vão e vêm, é a chance de a pessoa estabelecer uma conexão fundamental, que lhe permita construir uma vida significativa. O analista deve esperar pacientemente pelos objetos internos do paciente para ganhar vida e constância. Segundo Khantzian (2012), "existe um enorme sofrimento no seio das desordens adictivas. Entretanto, o pior fato não é o sofrimento; o pior fato é sofrer sozinho" (p. 15).

Finalmente, mas não menos importante, é necessário enfatizar que a dor e o sentimento de inquietação do adictivo no verdadeiro sentimento humano talvez pela primeira vez em sua vida possam dar-lhe uma sensação correspondente ao sentimento de desconforto sentido pelo analista ao ser visto e tratado como um objeto inanimado. É doloroso para o analista ser objetalizado; é doloroso para o paciente ser humanizado. Nessas situações, a raiva pode aparecer por muitos motivos, incluindo o reconhecimento pelo paciente de que a melhor existência não foi antes oferecida por ninguém.

O indivíduo não deve apenas olhar para o passado para identificar as fixações e regressões, mas aprender a encontrar os problemas e as soluções no aqui e no agora. De acordo com Rizzolo (2019): "A pessoa progride irreversivelmente para o período . . . mexe-se para trás e para frente, para defesa do self e propostas alternativas entre configurações alternativas de desejo e defesa . . . não existe regressar" (pp. 223-224).

É uma interessante visão alternativa descrever o desenvolvimento humano como uma migração contínua entre os dois eixos que fluem/movem-se sozinhos lado a lado, análogos, mas com distintos modos de ação. Movendo-se ao longo do eixo da dependência e do eixo da adicção, encontramos múltiplos esforços de vida, para melhor ou pior. Mais uma vez, refiro Casement, que mostra a diferença entre os dois eixos: ao longo do eixo da dependência, um é suficiente para nos realizarmos (nos satisfazermos), enquanto no eixo da adicção dois, três ou mais jamais serão suficientes.

Referências

Balint, M. (1968). *The Basic Fault*. Tavistock Publications Limited.

Casement, P. (2019). *Interview on Addiction and the Addictive Process*. Done by Maddie Kitchen from Sobriety Films.

Dodes, L. (2002). *The Heart of Addiction*. HarperCollins Publishers.

Fairbairn, W. R. D. ([1941] 1952). *Psychoanalytic Studies of the Personality*. Routledge.

Flores, P. J. (2012). *Forward in Addiction as an Attachment Disorder*. Jason Aronson.

Freud, S. (1959). *Inhibition, Symptoms and Anxiety* (Standard ed., Vol. 20, 154). The Hogart Press Limited. (Trabalho original publicado em 1926 [1925]).

Hari, J. (2016). *Chasing the Scream*. Bloomsbury Publishing Plc. (Trabalho original publicado em 2015).

Khantzian, J. E. (2012). Reflections on treating addictive disorders: a psychodynamic perspective. *National Library of Medicine*, *21*(3): 274-279.

Kohut, H. (1977). *The restoration of the self*. University of Chicago Press.

Kohut, H. (1984). *How Does Analysis Cure?* University of Chicago Press.

Lapanche, J., & Pontalis, J. B. (1973). *The Language of Psychoanalysis*. Karnac Books.

Mahler, S. M., Pine, F., & Bergman, A. (2000). *The Psychological Birth of Human Infant*. Basic Books.

McDougall, J. (1995). *The Many Faces of Eros*. W. W. Norton & Company.

Olesker, W. (2018). *The Impact of Aggression on Mental Representations: A Contemporary View of Internalization Processes and Internal Objects, Discussion Group*. Meeting of the American Psychoanalytic Association, February.

Panksepp, J., & Biven, L. (2015). *The Archaeology of mind: Neuroevolutionary Origins of Human Emotions*. New York: W. W. Norton Company Inc.

Peskin, H. (2012). Man is a Wolf to Man: Disorders of Dehumanization in Psychoanalysis. *Psychoanalytic Dialogues*, *22*(2), 190-205. doi:10.1080/10481885.2012.666150.

Rizzolo, G. S. (2019). The Life Cycle (Without Regression). *The Psychoanalytic Study of the Child*, *72*, 207-227.

Sandler, J., & Sandler, A. M. (1998). *Internal Objects Revisited*. Routledge.

Siegel, D. J. (2015). *The Developing Mind*. Guilford Press. (Trabalho original publicado em 2012).

Sierra, L. R. S. (2013). *A Neglected Field in Addictive States of Mind*. In M. Bower, R. Hale, & H. Wood (Eds.). London: Karnac.

Skolnick, N. J., & Scharff, D. E. (1998). *Fairbairn Then & Now*. Routledge.

Solms, M., & Turnbull, O. (2002). *The Brain and The Inner World*. Other Press.

Tonnesvang, J. (2002). Self Object and Self Subject Relationships in Progress in Self Psychology. *Progress in Self Psychology*, *18*, 149-166.

Weegmann, M., & Cohen, R. (2006). *The Psychodynamics of Addiction*. Whurr Publishers Ltd. (Trabalho original publicado em 2002).

Winnicott, D. W. (1990). *Home is Where We Start From*. W.W. Norton & Company.

Winnicott, D. W. ([1971], 2005). *Playing and Reality*. Routledge.

Zusman, J. A. (2021). Between Dependency and Addiction. *The Psychoanalytic Study of Child*, *74*(1), 280-293, 202.

10. Relações de objeto na adicção: metadona ou analista

Marina Loukomskaia

Introdução

Muitas novas formas de adicções estão sendo descritas agora como um problema de comportamento não controlado, incluindo adicções a jogos eletrônicos, internet e smartphones. Elas revelam novas formas de dependência psíquica relacionadas a diferentes objetos materiais. O que esses investimentos não controlados em algumas atividades têm em comum com a dependência tradicional de substâncias químicas? Como a psicanálise pode ser introduzida na compreensão geral das adicções?

A longa experiência no tratamento de adicções a drogas e álcool demonstrou a importância dos aspectos biológicos, sociais e psicológicos do problema. Nós lidamos com adictos pesados, em colaboração com uma equipe de tratamento multidisciplinar. Isso é necessário para enfrentar a síndrome de abstinência e administrar a desintegração social e a vulnerabilidade psicológica. As novas formas de dependências não químicas estimulam a pesquisa no entendimento geral de adicções e oferecem um lugar especial à psicanálise.

Ao procurar o significado de uma dependência patológica, temos em mente os princípios básicos da dependência humana, evidente na primeira infância: a necessidade de criar essa substituição do objeto maternal, como uma boneca-bebê. Um objeto inacessível de amor e de satisfação virtual pode ser substituído por um objeto inanimado e pela atividade de sugar. A construção da adicção em um adulto pode ser considerada como um sintoma de administração errônea dos impulsos, uma maneira de evitar a realidade. O analista tenta entender o prazer e o sofrimento do indivíduo adicto, as defesas e os investimentos de energia libidinal em um objeto da nova dependência.

O que aconteceu na vida do paciente e por que o desenvolvimento humano comum foi rompido? Algumas vezes, podemos encontrar eventos verdadeiramente traumáticos na história do paciente, porém, o mais frequente é que as causas das dificuldades nas relações com os outros estejam situadas no início da infância. Os trabalhos de Freud e de outros psicanalistas mostram a grande importância das relações do objeto primário para o desenvolvimento futuro da criança.

Por um lado, pode haver uma mãe depressiva, distante, incapaz de dar a seu filho uma sensação de amor e de segurança. Por outro lado, pode haver uma pessoa dominadora hipercuidadora, com falta de capacidade de separação. A dependência natural do bebê de seu objeto primário não encontra saída, e com frequência as defesas patológicas se desenvolvem na adolescência. O relacionamento do casal parental, a atitude do pai e as restrições sexuais podem ser traumáticos para o jovem e provocar diferentes desvios.

O analista usa diferentes ferramentas psicanalíticas para o trabalho com o inconsciente. Nosso método de associação livre e de interpretação dos sonhos ajuda o terapeuta a superar as diversas defesas do paciente e a cisão da memória e a se aproximar dos pontos sensíveis de uma maneira delicada.

O tratamento psicanalítico dos adictos requer que o analista tenha experiência significativa e uma abordagem integrativa. Nós temos de sustentar a enorme incerteza de lidar com a agressividade dos pacientes, expressa abertamente ou manifesta em diferentes sinais de uma transferência negativa. O analista tem de trabalhar com os próprios sentimentos negativos a contratransferência, antes que a relação de confiança possa ser construída. Essa é uma psicanálise além do divã, adaptada às incapacidades psicológicas do adicto: a falta de simbolização, a impulsividade, o risco de atuação e a necessidade da presença visual do objeto.

No início do tratamento, é importante ser flexível e integrar diferentes instrumentos do trabalho psicológico mais concreto, como a terapia cognitiva e a abordagem comportamental. Essas técnicas psicológicas podem ser úteis e ajudar um paciente a diminuir um consumo do produto e até mesmo a atingir uma sobriedade temporária. Progressivamente, no ambiente analítico, ajudamos o paciente a pensar, a encontrar os vínculos dos diferentes eventos da vida, a descobrir as emoções reprimidas e a compartilhá-las com o analista. Em última instância, o paciente questiona: "Por que eu sou desse jeito?", e é aí que a psicanálise propriamente dita começa.

Caso clínico

Para ilustrar algumas ideias do processo psicanalítico durante uma observação clínica longitudinal, proponho um caso de uma de minhas pacientes no Paris Drug Abuse Treatment Centre (Centro de Tratamento de Abuso de Drogas de Paris). Eu a uso como um exemplo que acredito poder nos ajudar a entender melhor o que um psicanalista pode trazer ao tratamento da dependência pesada de heroína.

Nessa época, um novo método biológico para o tratamento da adicção de heroína por meio da terapia de substituição com metadona foi reconhecido na França. O programa forneceu a distribuição regular dessa droga em doses gradualmente reduzidas para atingir a abstinência completa de heroína sem síndrome de abstinência e sem dor. A parte médica desse programa era acompanhada pelo apoio social e psicológico.

Comecei a trabalhar com Claire no Centro quando ela estava com 32 anos. Ela teve várias tentativas fracassadas no tratamento para adicção de heroína e uma passagem pela prisão, por pequenos roubos relacionados a drogas. Claire insistiu em sua inclusão no programa de metadona, que era sua última esperança de romper o abuso de drogas.

Hoje, ela tem cerca de 50 anos, e sua vida mudou completamente. Ela se tornou uma mulher atraente e livre de drogas, que tem sucesso no trabalho e se envolve na vida da família. Mas o caminho dela até essas mudanças foi muito longo.

Os longos anos de nosso trabalho podem ser organizados nos seguintes períodos:

1. A psicoterapia no Centro em paralelo com uma provisão regular com metadona por cerca de três anos.

2. Terapia psicanalítica em meu consultório por oito anos.

3. Terapia remota por telefone durante cinco anos.

A psicoterapia no Centro

Depois de uma relativa estabilização com doses elevadas de metadona, Claire teve "colapsos": mais uma vez ela começou a usar heroína secretamente. Durante as conversas com o médico, ela banalizou seu retorno à droga e foi agressiva, mas ao mesmo tempo concordou de boa vontade com um encontro com a psicoterapeuta. Ao enviar sua paciente para mim, o psiquiatra descreveu sua patologia de fundo como uma forma grave de transtorno de personalidade dentro dos estados limítrofes, o que não era de modo algum uma indicação para psicanálise.

A primeira entrevista

Durante nossa primeira entrevista, Claire estava muito agitada e chorou algumas vezes. Ela fez um breve relato de si mesma: "Minha mãe trabalhava o tempo todo e sustentava a família porque meu pai bebia. Eu era a mais nova de três irmãs e, depois, nasceu meu irmão. Quando minha mãe se casou de novo, meu pai foi morar no porão e se transformou em um alcoólico de rua. Eu saí de casa aos 15 anos. Depois, fui acolhida pelos ciganos e encontrei meu marido ali. Ele também se tornou um dependente de drogas. Tenho dois filhos. Meus pais estão mortos. Não me relaciono com minhas irmãs nem com meu irmão".

Nessa lista de fatos biográficos, que Claire deve ter repetido muitas vezes, eu ouvi a dor dela pelo fato de que a mãe a abandonara e o sentimento de uma profunda solidão. Ela não obedecia a nenhuma lei, mas pediu ajuda por causa da vergonha diante de seus filhos. Em minha contratransferência maternal, eu via uma garotinha desamparada dentro dela, deixada sem pais e sem saber como viver. E propus a ela encontros regulares "para conversar" no Centro, como um membro da equipe de tratamento.

Terapia institucional

Claire e eu combinamos de nos encontrar uma vez por semana em um dos consultórios do Centro depois da distribuição da metadona (uma provisão de drogas por sete dias). Ela era muito pontual e quase nunca perdia sessões. Suponho que esse vínculo entre a metadona, entregue por uma equipe médica, e eu, sua analista, era bastante forte. Na verdade, a metadona substituiu a heroína e se tornou uma garantia de seu bem-estar físico, apoiado por uma equipe médico-social. Nesse ambiente, eu me tornei rapidamente para ela um tipo de pessoa estável, regular, com quem ela podia falar e que a ouvia atentamente. Podemos pensar aqui em uma transferência positiva no contexto institucional de que eu era parte?

O pensamento dela era concreto, concentrado em problemas materiais e preocupações com a criação dos filhos. Ela os defendia "como uma tigresa" e era muito agressiva com os outros. Queria ser uma boa mãe, o que não tivera em sua própria vida. Parece que a agressividade cobria a incompetência da mãe, pois ela não sabia como protegê-los de outra maneira. Claire fugiu de casa aos 15 anos, quando a mãe se casou de novo e se juntou à comunidade de ciganos. As lembranças dela eram rudimentares, toda a infância dela era um "buraco negro", em suas próprias palavras. Ela não tinha sonhos.

Ela começou a injetar heroína aos 17 anos. Dessa vez, ela fugiu dos ciganos, sua segunda família, na qual se apaixonou por um jovem, mas foi maltratada e isolada. Claire voltou para a casa dos pais, profundamente deprimida, enganada, sozinha, pensando em suicídio. "Depois", disse ela, "a heroína oferecida por um irmão salvou minha vida". Essa foi uma fuga final da realidade, de seus impulsos e relações humanas, em que ela se sentia abusada e rejeitada.

De certa maneira, o funcionamento psíquico dela no início de nosso trabalho pode ser reduzido a um estado mental primitivo que pode ser observado em adultos muito traumatizados. Durante esse primeiro estágio, nossas sessões eram ecléticas e incluíam alguns elementos de terapia de apoio, cognitiva e comportamental. Nós discutimos os conflitos dela com os outros; ela buscava meus conselhos definitivos, e eu me tornei um tipo de *coach* para ela. Claire era paralisada pela culpa de que tinha sido "uma mãe ruim e drogada" para seus filhos por tanto tempo. Precisava de contenção e de um reforço narcisista constante para evitar as reações agressivas em algumas situações de conflito e o retorno impulsivo ao álcool ou às drogas.

Conforme crescia a confiança dela em mim, eu fiquei sabendo mais sobre o relacionamento de Claire com a mãe. Ela sentia um profundo ódio em relação à mãe e temia ser como ela para seus próprios filhos. De acordo com Claire, certa vez, a mãe lhe disse: "Você vai morrer por causa das drogas como uma prostituta caída na sarjeta". E, ainda assim, Claire era muito meticulosa nessa questão: ela cometeu furtos e foi para a prisão por causa das drogas, mas evitou relações sexuais por dinheiro. Ela se sentiu tão insultada que não foi ver a mãe agonizante no hospital e, durante o funeral, foi para uma discoteca.

Quero observar aqui que a imagem maternal perdeu seu ódio destrutivo devido ao longo processo psicanalítico e à transferência positiva para a analista. Muitos anos depois, ela experimentou o desejo de ajudar uma mulher doente que mal conhecia durante seus últimos anos e chorou profundamente a morte dessa mulher, pensando com pesar sobre a morte de sua mãe. Suponho que essa situação, que ela trouxe para a terapia, pode ser considerada como uma elaboração psicodramática que lhe permitiu sentir o luto de sua mãe.

Período de transição

Por três anos, a dose de metadona em seu tratamento foi gradualmente diminuída e a dependência física dos opiáceos estava praticamente ausente. No entanto, Claire tinha medo de uma cessação completa da metadona. "Não consigo me imaginar sem nada", disse ela; "tenho medo de ficar no vazio, de recair de novo". Aparentemente, a metadona tinha passado a ter para Claire a natureza de um objeto fetiche que fornece a autopreservação e protege do sentimento de não existência. *Preencher a falta das relações humanas* (os médicos clínicos sabem como é difícil para os dependentes de drogas desistir da metadona e como o risco de recair no alcoolismo é grande).

Nessa época, ela começou uma de nossas sessões para me falar de seu "sintoma estranho": algo a forçava a dar todo o dinheiro que tinha a um mendigo na rua. A vergonha de falar sobre esse comportamento compulsivo levou suas associações para a família, em que só ela tentava ajudar seu pai alcoólico. Ela acusou a mãe de tê-lo abandonado, de deixá-lo morrer como um sem-teto na rua. Lembrava-se de como tinha rompido as relações com as irmãs e ido embora sozinha, tentando salvá-lo. A imago paterna, para a qual o amor dela era orientado, era fraca; ela não podia protegê-lo.

Na verdade, os sentimentos dela eram muito contraditórios: o apego ao pai era misturado com a vergonha por causa do alcoolismo dele e com o forte ressentimento porque ele acabou com todos os planos dela para salvá-lo. As sessões seguintes foram de natureza catártica: emoções agressivas reprimidas foram liberadas junto com um senso de injustiça e medo de ser abandonada por todos, como ele fora. O trabalho sobre a ambivalência e a cisão emocional ajudaram a lançar luz sobre o significado inconsciente de seu comportamento compulsivo de "salvar mendigos", e o sintoma desapareceu.

Mais tarde, eu pude discutir com Claire sua transferência inconsciente das relações passadas para sua nova família no Centro. A situação de separação relacionada com o fim do tratamento da metadona no Centro fez com que ela se lembrasse do abandono traumático de sua família. Aqui a equipe médica podia ser associada com suas duas irmãs e um irmão, e a analista e um médico podiam ser associados com um casal parental. O fim da terapia de metadona pode ter sido experimentado como uma ruptura das relações humanas, que trouxe de novo a sensação de vazio e de abandono. O trabalho com a transferência negativa, similar a uma representação psicodramática, possibilitou que Claire sentisse seu apego às relações humanas com a equipe do Centro e reconhecesse seu medo de romper vínculos importantes. Ela percebeu sua necessidade de nossas sessões regulares e que, nesse contexto, a metadona se tornara um objeto transicional.

Querendo continuar nossas sessões, Claire perguntou sobre a psicanálise no meu escritório. Ela me disse que, depois do divórcio do seu marido dependente de drogas, estava tendo dificuldades recorrentes nas relações com homens. "Talvez exista alguma coisa na minha infância de que não me lembro de jeito nenhum", questionou ela. Eu concordei com ela nesse ponto, mas enfatizei que só poderia iniciar a psicanálise no meu consultório depois do fim completo da metadona. Ela aceitou esses termos e concluiu o uso de metadona com uma facilidade surpreendente. Portanto, a adicção dela à metadona foi transformada na dependência de uma psicoterapeuta.

Terapia psicanalítica em consultório particular

Ambiente

Com as sessões no meu consultório, nós entramos em novo contexto da terapia. Até esse momento, os cuidados médicos eram fornecidos a ela em instituições públicas e gratuitamente. A natureza institucional da psicoterapia dela trazia uma fragmentação constante da transferência para diferentes integrantes da equipe terapêutica. Pela primeira vez, ela se encontrava individualmente com sua analista e era obrigada a pagar as sessões, apesar de ter um orçamento muito modesto.

Por um lado, o dinheiro e a dependência de outra pessoa estavam profundamente associados para Claire com a questão de drogas e de abuso. Por outro lado, uma fusão simbiótica com um muito esperado objeto materno tornou-se outro risco desse novo relacionamento binário no consultório. Nós parecíamos estar na encruzilhada do desejo do objeto materno primário e do medo do abuso.

O Centro ainda havia sido a garantia de segurança de nossos relacionamentos binários na terapia, com sua função como o "terceiro materializado", segundo Evelyn Kestenberg. No consultório, o ambiente estrito, discutido como um tipo de contrato com a analista, cumpria simbolicamente essa função de terceiro. Claire estava pronta para pagar sua terapia e aceitava os requisitos psicanalíticos como a garantia das regras, de justiça e de sua independência.

Ela era extremamente atenta ao pagamento pontual, sem erros, e logo encontrou rapidamente um trabalho simples para cumprir suas obrigações.

Nós trabalhávamos duas vezes por semana, face a face. Era óbvio para mim que deitar no divã sem ver a terapeuta poderia provocar nela um intenso sentimento de angústia e de assédio.

Construção da história de Claire

Durante essa longa terapia, o funcionamento mental de Claire mudou bastante. Começou a trazer sonhos e a demonstrar muito interesse em sua interpretação. Seu pensamento gradualmente se tornou mais flexível, associativo e capaz de simbolização. Sua libido, acorrentada pela praga lançada pela mãe, pareceu ser gradativamente liberada.

Em um dos primeiros sonhos que foi capaz de me contar, ela se encontrava em uma floricultura e tinha medo de quebrar um belo vaso de flores. O sonho terminava com ela na prisão e com o sentimento de alegria. Claire associava a imagem do vaso frágil consigo mesma e com as mudanças que haviam acontecido na sua vida no ano anterior. Havia se transformado em uma mulher atraente que namorava um homem que não sabia nada do seu passado. Claire associava o alívio alegre na prisão com a ideia de que não havia mais nenhuma necessidade de ocultar o segredo da adicção a drogas. Ouvi que ela estava presa a viver com um segredo. Algum segredo... qual deles, fiquei pensando? Sobre sua infância esquecida?

Por muito tempo, Claire não conseguia falar espontaneamente sobre si mesma. Durante nossas sessões, as histórias sobre a vida de sua filha adolescente ocupavam um lugar especial. Suas associações relativas aos eventos da vida de sua filha levaram Claire a memórias de seu próprio passado. Com a filha, ela parecia estar revivendo sua própria adolescência e o casamento fracassado. Representações reprimidas e emoções a assaltavam quando ela falava da relação de sua filha com um tipo de homem instável. Ela se lembrou da própria gravidez, quando tentou parar de usar drogas, do parto, das agressões masculinas e de seu retorno às drogas.

Minha escuta psicanalítica tornou possível conter a onda de intensas emoções e encontrar os vínculos entre os acontecimentos do presente e sua realidade psíquica. As representações do seu passado apareceram pelo mecanismo de *après-coup*, e, portanto, nós reconstruímos a história da vida dela.

As dificuldades nas relações com seus filhos relembravam seus próprios conflitos com a mãe na primeira infância. Na verdade, ela era muito apegada à mãe, muito ciumenta, e detestava seus amantes que podiam separá-las. Queria manter o pai em casa durante sua degradação alcoólica e não deixava um lugar para outro homem ao lado da mãe. Ela podia reconhecer a ambivalência de seus sentimentos para com a mãe e rever uma parte de suas acusações. Suponho que essa atitude terna para seu objeto primário pôde ser desenvolvida em um contexto de transferência maternal positiva com a analista.

O processo do desenvolvimento e do fortalecimento do eu foi muito gradual. Ela se tornou capaz de pensar e de falar sobre si mesma, com meu testemunho como uma garantia de sua segurança. Foi liberada do ódio à imago materna, que impedia sua libido e sua identificação feminina.

Segredo de família

Nessa época, Claire muitas vezes trazia sonhos eróticos em que sua libido colidia com um homem representado como um animal ameaçador que estava prestes a engoli-la. Consciente do medo de uma sexualidade masculina destrutiva, Claire se perguntava: "Por que eu sou assim?" Ela associou isso com um segredo de família sobre seu avô materno. Então, ela se lembrou de que havia visto um jornal em casa com a foto dele e a legenda "Assassino sexual".

Claire sentia que tinha consciência de algo "sujo, imoral e terrível acontecendo com as mulheres" na família em que ela tentava não pensar. Claire lembrou-se de que, em casa, dizia-se algo a respeito de incesto. Mas tudo isso continuava a ser tabu, e ela nunca falou sobre isso com a mãe. Agora, ela sentia um grande desejo "de acabar com as mentiras e os segredos e de descobrir toda a verdade".

Claire embarcou em uma verdadeira investigação, perguntou aos parentes sobre a história da família e encontrou um artigo sobre o avô. Descobriu que sua avó morreu durante o parto, em sua 26ª gravidez. A analista se tornou a primeira pessoa com quem ela podia falar sobre o abuso sexual doméstico. No contexto da transferência maternal positiva em nosso relacionamento, ela podia compreender os eventos traumáticos, anteriormente não representáveis, e preencher o buraco negro de sua memória.

O segredo de família teve efeitos devastadores no desenvolvimento psicossexual da minha paciente. Mas esse trauma que atravessava gerações dizia respeito a todos os filhos na família: uma das irmãs dela havia se tornado dependente de drogas, o irmão mais novo sofria de alcoolismo, e sua irmã mais velha, mais bem-sucedida, era completamente dependente do marido violento.

Nós terminamos a terapia quando Claire decidiu sair do apartamento dos pais, em Paris, e se estabelecer no Sul da França. A terapia parecia estar completa depois de trabalharmos os traumas de sua infância.

Uma terapia remota por telefone

Claire me procurou dois anos depois, com uma solicitação relativa a uma amiga. Nós tivemos um encontro, e eu entendi que ela mesma precisava de ajuda. Ela gostava de sua nova casa e do trabalho, e não tinha tido nenhuma recaída com drogas nem álcool, mas tinha desenvolvido uma necessidade de intimidade com uma mulher. "Não é um relacionamento sexual", disse ela, "é uma necessidade de ternura, um desejo de estarmos juntas o tempo todo, dia e noite". Esse desejo incontrolável a assustava, porque parecia uma nova adicção.

Era bem fácil conectar sua dependência de mulheres com uma busca do objeto primário que ela havia perdido com o fim de nosso relacionamento psicanalítico. Um novo objeto transicional? Uma transferência lateral?

Recomeçamos a terapia na versão remota, por telefone. O ambiente psicanalítico tomou uma nova forma: nossas sessões eram estritamente fixas no tempo, uma vez a cada duas semanas.

Nossos encontros regulares por telefone mostraram-se úteis. Na minha pessoa, Claire recuperou um objeto materno positivo que removia a ansiedade e lhe dava a capacidade de pensar e compreender a si mesma. Ela não experimentou mais o sentimento de adicção por outra mulher. Quando veio a Paris para ver seu filho adulto e sua filha casada, marcamos um encontro no meu consultório. "Como você", disse ela, "minha filha se tornou um tipo de psicóloga de famílias e tenta ajudar os outros usando sua própria experiência em psicoterapia". Ela manteve um contato muito bom com a equipe do Centro e participou prontamente em diversas manifestações públicas antidrogas.

A distância que foi estabelecida entre nós dessa vez mostrou-se um bom compromisso entre o desejo de se fundir com o objeto primário e a necessidade de separação. Essa terapia remota continuou por cinco anos.

A separação final

Ela falava muito de seu desejo de construir um relacionamento de família com um homem. Suas relações amorosas anteriores, que ela mencionava de tempos em tempos, pareciam, agora, superficiais demais. Ela compartilhou comigo o progresso de sua nova história de amor e, um dia, quando eles decidiram morar juntos, ela me perguntou: "Eu ainda preciso de terapia?"

Eu aceitei a sugestão dela de interromper as sessões por telefone. Acho que terminamos a terapia quando o objeto materno positivo estava suficientemente internalizado.

Conclusão

Durante a terapia, a paciente pôde reconstruir sua história pessoal e elaborou com a analista os eventos traumáticos em sua vida. Uma nova experiência de relação de objeto com a analista foi muito importante. Isso ajudou a paciente a entender seus profundos sentimentos e a encontrar um melhor controle sobre os impulsos. A paciente pôde encontrar uma distância melhor com a pessoa importante, administrar melhor breves separações sem ciúmes e preencher o abandono. Ela encontrou prazer no trabalho e em novas formas de criatividade, devido à identificação com a analista em sua transferência positiva. Essas mudanças no funcionamento pessoal permitiram à paciente canalizar melhor seus impulsos e abriram caminho de relação não dependente com os outros. O processo psicanalítico é muito longo, mas as mudanças pessoais se tornam uma garantia de não recaída na adicção, sob qualquer forma.

Durante todo esse tempo, Claire não teve recaídas com uso de drogas ou de álcool. Seu problema de adicção foi elaborado em um nível psicanalítico, em referência a impulsos básicos, e isso permitiu que ela desenvolvesse sua identidade feminina e descobrisse relações libidinais satisfatórias como uma substituição do objeto primário perdido. Essas mudanças estruturais na personalidade nos permitem pensar em uma remissão estável de dependência de drogas neste caso.

Referências

Clarkin, J. F., Yeomans, F. E., & Kernberg, O. (1999). *Psychotherapy for borderline personality.* John Wiley & Sons.

Freud, S. (1969). Contribution a la psychologie de la vie amoureuse. In *La vie sexuelle.* PUF. (Trabalho original publicado em 1910.)

Freud, S. (1972). *Maladie de la civilisation.* PUF. (Trabalho original publicado em 1929.)

Kestenberg, E. (1981). La personage tiers, sa nature, sa function, in "Le personage tiers". *Cahiers du Centre E. et J. Kestemberg, 3*, 1-57.

Kestemberg, E. (2001). La relation fétichique à l'objet. In L. Abensour (Ed.). *La psychose froide* (pp. 77-101). PUF.

Loukomskaia, M. (2018). Le père manquant, le père tiers. *Psychanalyse et psychose, 18*, 155-166.

McDougall, J. (1997, Novembro). Sexualité, ivresse et création. *Psychiatrie Française, 28*(3), 15-22.

Olievenstein, C. (1982). *La vie du Toxicomane.* PUF.

Rosenfeld, D. (2018). *The psychotic: aspects of the personality.* [S.l.]: Routledge. (Trabalho original publicado em 1992.)

11. Força motriz: centro das atenções

Vivian Eskin

Phil foi meu paciente por aproximadamente cinco anos. Nós continuamos a trabalhar juntos durante a pandemia de Covid-19, e ele deixou o tratamento logo depois de retomarmos as sessões presenciais, após o *lockdown* de Nova York (março 2020–maio 2021). Quando era adolescente, Phil se envolveu com álcool, maconha, primeira compulsão alimentar, jogos excessivos e pornografia. Desde os 17 anos, ele também começou a atuar sexualmente de forma compulsiva, o que teve enormes consequências sobre seu desenvolvimento, afetando negativamente sua vida e seus relacionamentos.

Quando começamos a trabalhar juntos, Phil estava com quase 30 anos. Ele vinha de uma família abastada, cresceu no Sul e frequentou escolas particulares de elite. Ambos os pais eram cirurgiões. Phil e seu irmão mais velho moravam com a mãe. O pai deles era um alcoolista; um cirurgião elegante e bonitão que era muito bem-sucedido, mas também muito ausente na vida deles. Phil descrevia a mãe como quieta, ansiosa e deprimida. Ela era gentil, mas preocupada. Quando Phil começou o tratamento, ele estava desempregado, morando na casa do pai com a madrasta e seu meio-irmão. O pai dele tinha mudado de casa, saia com outras mulheres e considerava um segundo divórcio.

Phil cresceu adorado e mimado pelos pais, mas também era gravemente negligenciado. Ele sempre queria ser o centro das atenções e constantemente se esforçava para concretizar o status de "força motriz" que o pai lhe atribuíra quando criança. Phil era um estudante razoável, embora tivesse dificuldade com prazos. Ele era popular e um atleta de destaque que amava lacrosse e a atenção que recebia por ser um astro dos esportes. Aos 11 anos, a vida de Phil mudou drasticamente quando ele sofreu um ferimento praticando esporte, que o deixou de cama por meses. Isso coincidiu com o divórcio dos pais. Foi também nessa época que Phil descobriu a *dark web*: um coletivo oculto e anônimo de sites, muitas vezes usado para atividades ilegais.

Quando era criança, Phil tinha várias obsessões e compulsões. Ele "precisava" andar de uma determinada maneira e não podia pisar em uma rachadura; tinha rituais que iam desde lavar as mãos até o modo como as roupas estavam alinhadas em seu closet e inclusive a ordem em que comia os alimentos. O pensamento obsessivo de Phil muitas vezes girava em espirais. Ele via o mundo em preto e branco e exigia certezas. Quando adulto, ele queria garantias de que os programas de doze passos ou as sessões de terapia iriam curá-lo de seu comportamento de adicção. A mente dele era constantemente jogada de um lado para o outro.

No início da adolescência, Phil queria fazer sexo com todo mundo. Ele descreveu como aos 17 anos havia sido penetrado analmente em uma livraria para adultos. Quando descreveu isso pela primeira vez, seu afeto era artificial e havia falta de sentimento no relato. Ele disse que talvez tivesse sido abusado, mas não conseguia se lembrar de como havia chegado à livraria. Descreveu que estava em um estado similar a um transe, que o impeliu a entrar e a ser penetrado. Nessa época, Phil era obcecado pelo pai, procurando-o constantemente e ansiando por ele. *Onde ele estava? Ele voltaria para casa? Com quem ele estava? O que sua mãe pensaria? Ela estava muito perturbada? Eles iam brigar porque Phil se perdera? Phil era gay?* Muitas vezes, ele se preocupava com sua sexualidade e também com decepcionar pai.

Depois do encontro na livraria, Phil começou a enviar fotos nuas de si mesmo para outros adictos a sexo que encontrava em salas de chat. Ele enviava fotos cortadas de seu rosto e corpo, muitas vezes "enganando" mulheres e homens, disfarçando-se e seduzindo os outros para acreditarem que ele era outra pessoa. Isso continuou por anos, só parando quando Phil ficou com medo de que alguém o reconhecesse nas ruas ou em uma entrevista de trabalho.

Em novembro de 2019, eu tive uma sessão com Phil, que insinuou o uso da adicção como uma defesa contra psicose e perversão. Durante a sessão, ele perguntou por que, quando era uma criança pequena, ele não se incomodava com o fato de o pai não estar presente. Também explorou como mais tarde ele não pensou que sua atuação sexual iria ferir o pai. Tentar encontrar significado em seu comportamento, em vez de concretizá-lo, era problemático. Talvez Phil inconscientemente desejasse ferir o pai por meio de sua sexualidade e, como resultado, sentia-se desconfortável, repreendendo-se por querer a aprovação e a atenção de seu pai. Ele admitiu que sentia vergonha e raiva por buscar o amor do pai, mas seus sentimentos permaneceram intelectualizados. Phil tinha muita dificuldade em sentir seus sentimentos. Embora ele estivesse tentando se aceitar, ao atuar ele estava espelhando o comportamento de seu pai.

Eu disse a Phil que, quando falava sobre seu pai, ele estava na verdade falando sobre si mesmo. Phil então admitiu que temia que o pai perdesse sua mente, "morresse antes da hora" em um acidente de carro ou tivesse um infarto. Eu respondi que, por meio dessas afirmações sobre o pai, Phil estava realmente exprimindo o medo de perder a sua mente, sua cabeça, e que ele precisava aceitar que preferiria nunca amar nem ser amado pelo pai da maneira pela qual ansiava.

Na continuação da sessão, Phil disse que, olhando de fora, o pai parecia perfeito. Ele era muito bem-sucedido e ganhava uma tonelada de dinheiro, mas não estava presente para a família e tinha um lado sombrio. Ele teve vários casos e muitas vezes bebia demais. Phil explicou que ele e o pai eram alcoólicos e que o avô também havia sido. Contou-me como o pai idealizava seu próprio pai, embora o avô de Phil fosse um mulherengo que havia matado um homem em sua casa de repouso, roubado um carro e tentado dirigir com sua enfermeira até o Rio Grande.

Eu disse que a maneira como Phil descrevia o avô parecia algo tirado do cinema – não muito real – e que Phil estava tentando encontrar uma ligação entre ele, o pai e o avô, sem nenhuma lacuna temporal; e que, quando ele mencionava o lado sombrio do pai, estava novamente descrevendo a si mesmo.

Depois, Phil me disse que, com minha ajuda, ele finalmente tinha se envolvido em seu programa de doze passos de recuperação de adicção a sexo. Estava se abstendo de sexo e de masturbação havia mais de dois anos. Explicou que ele e Katrina, sua namorada desde a faculdade, não estavam tendo relações sexuais e que, em vez disso, estavam agora reaprendendo a como confiar um no outro. Antes, ele sempre tinha sido dominante com as mulheres. Todavia, Katrina disse que as adicções de Phil – ele tinha passado os cinco anos do relacionamento deles consumindo pornografia, se masturbando e estragando tudo o que podia o tempo todo – eram atos de violência sexual para ela. Eles concordaram que Phil se deitaria e deixaria que Katrina conduziria a relação sexual dele. Phil disse que essa reversão de papéis foi "divertida e incrível". Ele explicou que Katrina tinha sugado os mamilos dele, e que eles lamberam os pés um dos outro. Então, Phil lembrou-se de que no passado, quando ele estava atuando, uma travesti havia lambido seus mamilos, e ele tinha gostado muito disso.

Eu disse a Phil que ele se sentia separado de suas ações, como se sua atuação não fosse uma parte dele; que ele temia ser abandonado e que sua fantasia e seu desejo de se travestir o assustavam e excitavam. Eu lhe disse que ele era o travesti. Phil admitiu que tinha estado perto de uma tentativa de suicídio e que não sabia onde estaria se não tivesse ficado sóbrio e procurado ajuda. Ele disse: "Eu quase morri. Simplesmente não vale a pena porque desencadeia tanta atuação".

Durante nosso trabalho antes da pandemia, nós passamos a entender que a compulsão de Phil de se conectar sexualmente – enviar e-mails e fotos nuas, pegar estranhos na internet – eram tentativas desesperadas de encontrar o pai tão desejado. Ele começou a sair com trabalhadoras sexuais trans e fantasiava sobre como poderia penetrar e ser penetrado pelos dois sexos ao mesmo tempo. Eu compreendi como seus pensamentos obsessivos eram sentidos como concretos e, muitas vezes, fora de controle, disfarçando-se como pensamentos reais, e que a vida de Phil era feita de ações que visavam a controlar seus pensamentos perturbadores.

Phil vivia na fantasia; em negação da inveja que sentia de seu pai, bonitão e autoconfiante, e de belas mulheres que aparentemente eram bem cuidadas. Um exemplo é o fato de ele ter apontado especificamente meu cabelo e como ele era bem tratado. Quando eu expliquei que havia sido abençoada com bom cabelo, ele começou a discutir, insistindo que alguém devia ter cuidado dele para mim, em vez de eu ter feito isso sozinha. Isso aponta sua inveja das mulheres e uma confusão em relação a autocuidado, privilégio e papéis de gênero. Sua ideia de um homem significa que o ideal masculino é um "precursos", uma "força motriz", tomando decisões e assumindo a responsabilidade, impulsionado pelo poder fálico, enquanto as mulheres são bonecas e objetos de beleza sem a mesma pressão para liderar.

Contudo, ao mesmo tempo, ele queria viver dentro do pai e se transformar nele. Ele queria viver à altura do status de "força motriz" que seu pai exigia. Por causa disso, Phil se sentia pouco qualificado para procurar trabalho, ficar sóbrio e viver consigo mesmo. Uma força motriz tinha poder dentro dele, e ele imaginava que poderia fazer o não convencional e ainda ter sucesso. Na realidade, atuar com trabalhadoras do sexo era uma reversão raivosa da impotência que Phil sentia.

Olhando para trás, para seu ferimento nos esportes na infância e para o divórcio de seus pais, Phil depois percebeu que seus problemas de saúde não haviam sido o suficiente para manter seus pais juntos. Em seu isolamento de escola, colegas, interações sociais e falta de orientação e presença dos pais, Phil vivenciou ausência, perda e negligência. Suas adicções eram uma maneira de tomar o poder em suas próprias mãos para satisfazer a insaciável curiosidade de um garoto de 11 anos, sem nenhum "não" interno. O isolamento causado pela Covid-19 durante todo o *lockdown* desencadeou perda e dor psíquica não resolvida.

Algumas vezes, nosso trabalho parecia pseudointelectualizado, com a necessidade de Phil de que eu o tranquilizasse e dissesse que ele não enlouqueceria. Fazê-lo contatar seus sentimentos autênticos era um desafio, e ele tinha dificuldade de manter-se focado. Na transferência, eu era a mãe idealizada que ouvia, continha e ajudava sem humilhá-lo; porém, Phil ainda estava com raiva de mim porque eu não podia curá-lo de suas obsessões, compulsões, de sua recusa em ver a realidade. Ele expressava sua raiva ao tentar subverter meu trabalho, consultando-se com terapeutas sexuais que se especializavam em adicções e compulsões.

Phil falou muitas vezes de se sentir cronicamente vazio. Ele fantasiava sobre estar sendo preenchido com comida, pênis ou nadando em fluidos vaginais. Essas fantasias lhe ofereciam saciedade e alívio temporários de sua ansiedade e seu vazio. Ele falava sobre sua cobiça, sobre querer tudo e como sentia que tinha direito a isso. Ele mentiu à namorada durante anos e se refugiou na terapia, usando-a para apoiar seu falso senso de eu. Enquanto crescia, ele se sentia como o bebê carente da família, deixado à sombra do pai bem-sucedido e do irmão mais velho. Quando chegou à idade adulta, ele ainda buscava a atenção dos pais, que não lidavam bem com as mudanças no humor de Phil nem com suas dificuldades para concluir a faculdade e de encontrar emprego. Algumas vezes, Phil me lembrava o pato Gansola, do desenho animado, um homem crescido de fraldas, empacado em culpa e desejos confusos, talvez desejando destruir a si mesmo e ao casal parental.

Em 2019, Phil chegou ao que ele chamou de "um fundo". Ele estava suicida, ansioso e sentia que estava saindo de sua pele sempre que estava sozinho. Entregou-se a seus comportamentos de adicção com um tom febril. Quando respirava, vivenciava um sentimento de terror sem nome e ansiedade aguda. Ele não podia continuar a mentir para si mesmo, para a namorada e para a família. Phil começou a ir às reuniões do SCA (*Sexual Compulsives Anonymous* – Compulsivos Sexuais Anônimos) e do SAA (*Sex Addicts Anonymous* – Adictos Sexuais Anônimos) três vezes por dia.[1] Ele parou todas as atividades de adicção depois de algumas semanas e

1 No Brasil existem o D.A.S.A. (Dependentes de Amor e Sexo Anônimos – https://www.dasa-sp.org/) e o Sexólicos Anônimos (https://www.sabrasil.org/profissionais) [N.T.].

descobriu como se sentia aterrorizado e sem ferramentas para tentar viver no mundo adulto. Contudo, mesmo sóbrio e abstinente, em vez de ficar com seus sentimentos, Phil tentava evitar a realidade. Vivia em seu celular, assistia a mais reuniões, tentava ajudar os outros e falava com seus guias. Ele fugia de seus pensamentos e dos sentimentos e não conseguia lamentar o que estava fazendo e abandonando. Ocupava-se com todo tipo de atividade – tudo menos ficar consigo mesmo, sozinho com seus sentimentos.

O *lockdown* por causa da Covid-19 coincidiu com a confissão de Phil sobre sua adicção sexual para a namorada, rompendo o namoro e saindo do apartamento dela. Katrina sentiu-se traída e indignada depois da confissão de Phil, e ele não se sentia verdadeiro consigo mesmo, apagando-a de sua vida. Ao mesmo tempo, ele começou a procurar trabalho e, embora tenha encontrado algo em um espaço de arte, a oportunidade de trabalho desapareceu com o *lockdown*.

Phil e eu continuamos a nos encontrar por telefone, três vezes por semana. Em setembro de 2020, depois de conseguir um emprego em uma escola particular, ele diminuiu o tratamento de três sessões semanais para uma. Eu interpretei que ele estava procurando proteção na escola, com crianças que ostensivamente seriam protegidas por adultos. Falei com ele sobre como sua mãe, seu pai e eu falhamos com ele por não lhe oferecer um espaço físico seguro. Nós não podíamos protegê-lo da Covid-19 nem do vírus interno da destrutividade que ele vivenciava. A estrutura da escola e tudo o que ela proporcionava contrastava com o mundo externo da Covid-19, onde Phil estava sozinho e isolado. Ele não podia nem pensar nem falar profundamente sobre a ausência do espaço que tínhamos compartilhado e sobre o motivo de ele ter mudado o tratamento. Como sua analista, eu senti a perda dele e me vi como um tipo de analista-mãe que tentava encontrar e correr atrás do filho.

Em março de 2021, Phil encontrou uma menina trans de 11 anos na escola e ficou atônito e com inveja da autoconfiança dela, sua confiança na transição e o modo como ela se expressava. Alguns dias depois, ele me revelou seu desejo de ser uma mulher. Ele falou com algumas pessoas no SCA e decidiu, muito impulsivamente, que faria a transição. Phil começou a usar esmalte azul para unhas, maquiagem e vestidos femininos em casa.

Phil fantasiava sobre como seria ser uma garota e receber um pênis. Isso era um acréscimo a seu desejo de ser penetrado, de que alguém gozasse em sua boca, ânus e até orelha. Ele reclamava de como as mulheres podiam usar o que quisessem, de como podiam se concentrar no corpo, na pele e na maquiagem, ou eram cuidadas pelos homens. Incapaz de superar sua inveja e sua dor, a dificuldade em encontrar um emprego com significado e se sentindo enraivecido com sua impotência, Phil decidiu que fazer a transição resolveria seus problemas. Ele estava sanguinariamente com raiva dos pais por não terem cuidado dele da maneira como ele desejava e, ao mesmo tempo, tinha raiva de suas necessidades de dependência. Ele queria ser seu pai e sua mãe. Desse modo, não teria de lamentar nenhuma perda; poderia simplesmente se tornar ambos. Eu sugeri a Phil que explorasse, elaborasse, pensasse seu impulso súbito em vez de se apressar a fazer a transição. Phil sentiu que meu conselho era duro e punitivo, efetivamente fechando qualquer possibilidade de questionamento e curiosidade.

No aniversário da mãe, Phil saiu do armário para ela de uma maneira emocionalmente violenta. A mãe ficou horrorizada e não o apoiou. Phil estava acostumado a conseguir tudo o que queria; era incomum que sua mãe dissesse não para ele. Estava furioso com ela, muito embora sua experiência emocional lhe dissesse que ele estava sofrendo de pânico e ansiedade extremos sobre sua decisão. Incapaz de encarar como ele queria destruir o prazer dela ao ser mãe, ele desconsiderou o choque e as perguntas dela, censurando-a por nunca vê-lo realmente como ele era. Phil estava com raiva por toda a vida no papel do filho que protegia a mãe de suas próprias ansiedades e decepção. Ao falar de sua infância, ele se lembrava de tentar "ser engraçado" para distraí-la das preocupações em relação ao paradeiro de seu pai. Phil era o palhaço da turma; o membro da família que adorava se exibir e fazer todos "rolarem no chão" de rir. Agora, como adulto, ele estava irritado com seu papel e com sua mãe.

Fico imaginando o quanto a pandemia e o isolamento, além dos programas de doze passos on-line (SCA, SAA, AA, NA) contribuíram para sua fúria. Esses programas o apoiavam, mas também o alienavam e talvez alimentassem seu completo desprezo pelos pais. Nem a mãe nem o pai dele podiam transformar as sensações não metabolizadas da experiência do bebê Phil por meio da compreensão e da atenção (Bion, 1967). Nem eu nem os pais podíamos protegê-lo do isolamento da Covid-19 ou de si mesmo.

Phil fez a si mesmo o que sempre havia sido feito a ele. Quando era mais jovem, se Phil pedisse a seu pai para conversar, o pai geralmente o dispensava, incentivava-o a sair para beber e dizia a ele que fosse um "dínamo", apoiando uma característica inflada, em vez de uma característica real ou autêntica. Se Phil tentava falar com a mãe sobre seus problemas com adicção, sobriedade ou escola, ela torcia as mãos, andava de um lado para o outro, dava um conselho e perguntava quando ele ia conseguir um emprego de verdade. Os pais evitavam ajudar o filho a entender, pensar, refletir e sentir. Phil precisava encher os buracos vazios em si mesmo. A realidade e a verdade eram divididas, e sustentar os sentimentos de perda, ansiedade e depressão tornou-se intolerável.

Phil canalizou sua raiva na direção do mundo do trabalho, sociedade e cultura. Com raiva do sistema, sentiu que as regras tinham o objetivo de mantê-lo para baixo. Ele se preocupava que não pudesse se parecer com uma mulher nem mesmo com a terapia hormonal, pois tinha 1,92 m de altura e estrutura óssea grande. Phil sentia essa percepção de defeito profundamente dentro de si. Não importava o que pudesse fazer a si mesmo, ele estava certo de acabar "errado". Ao mesmo tempo, queria meu apoio para "seguir em frente", o que significava começar a terapia hormonal e consultar médicos de imediato. Eu disse a Phil que achava que seria inteligente esperar e explorar o que ele sentia como sua nova identidade antes de tomar uma grande decisão. Sugeri que aumentássemos a frequência de nossas sessões e que nos encontrássemos pessoalmente. Depois dessa conversa, Phil veio duas vezes ao meu consultório.

Quando nos encontramos em maio para a primeira sessão presencial, Phil estava em um estado psicótico. Soava fragmentado, e nada do que dizia parecia estar relacionado. Ele queria se tornar uma mulher; vestir um vestido trazia a sensação de ter se encontrado; ele queria fazer isso depressa. Nos anos em que havíamos trabalhado juntos, a possibilidade de Phil ser trans ou sentir dismorfia corporal nunca havia surgido. Embora Phil tivesse questionado se era gay e se preocupado com isso, eu fiquei pensando se o estigma da homossexualidade havia sido de algum modo aliviado ao ser trans. Parecia que ser trans tinha mais prestígio. Talvez ao querer fazer a transição ele estivesse se defendendo contra sua homossexualidade. Ele descartou minhas sugestões de nos encontrarmos mais frequentemente e, depois de nossa segunda sessão, em maio de 2021, não retornou. Ele me enviou um bilhete que era cortês, apreciativo e buscava minha aprovação, o que parecia falso depois de nossa última conversa.

Nos dias, semanas e meses que se seguiram à nossa última sessão, eu fiquei pensando sobre psicose, perversão e adicção. Pieczanski (2018) escreveu sobre como a adicção e a perversão compartilham diversas características estruturais e muitas vezes coexistem, confrontando o analista com problemas técnicos similares. Referindo-se a estados mentais perversos e de adicção, ele descreveu como o paciente oculta os vínculos com a realidade, em especial aqueles que provocam frustração e estabelecem limites. Ele escreveu: "As perversões e adicções nos dão a oportunidade de ver o grau extremo de atuação destrutiva como sua linguagem de ação, começando em fantasias de dano a objetos primários e seus representantes externos, e como uma defesa contra a dor e a culpa inconsciente, a fim de preservar o equilíbrio psíquico". Nesse sistema patológico, atuar e agir não são meramente tentativas de implementar o pensamento, mas na verdade formas de substituí-lo; em especial, o vínculo com as consequências dos desejos hostis.

Muitas vezes, é dito que a adicção é a incapacidade de tolerar a frustração. Será? Será que ela é a regulação do eu onipotente e destrutivo, que tem medo de se relacionar? Qual é o relacionamento entre adicção e perversão? Aqui, quando me refiro a perversão, é no contexto da "distorção" da mente, da realidade. Também estou me referindo à negação das diferenças dos sexos por meio das fantasias transgêneras. O ato de fazer a transição pode ser normal hoje, mas o significado aqui é narcisista. O paciente Phil pode fazer a separação do objeto e também pode tomar posse de seu próprio corpo – uma pessoa serve à outra, mas a mutualidade está excluída. Os pacientes psicóticos tentam mudar a realidade para que ela se conforme à sua vida interior, e pacientes narcisistas têm geralmente feito as pazes com a realidade, com a condição de que eles nem sempre tenham de viver nela (Pieczanski, 2018).

Phil sofria de ansiedades graves e não podia usar sua mente para pensar pensamentos. Infantil em todos os sentidos da palavra, ele tentava encontrar pseudonutrição – ou o seio – para ajudá-lo a controlar sua ansiedade e seu estado emocional em constante mudança. Essencialmente, em vez de pensar e sentir o que não queria sentir, ele aprendeu a se automedicar com bebida, empanturrar-se com comida, pornografia, videogames em excesso e masturbação. Essas eram todas atividades que envolviam os sentidos e foram um ataque ao seio materno da infância de Phil. Eles mascaravam seus sentimentos e funcionavam como substitutos para um contato humano e presente. As atividades funcionavam como mágica, como se ele dissesse a si mesmo: "Espelho, espelho meu, quem tem o pênis mais poderoso do que o meu?" Eles produziam estados alterados que enviavam Phil a um mundo eufórico em que ele se sentia onipotente, poderoso e memorável. Ele se via como um completo poder fálico, com uma força irresistível que faria com que ambos os sexos mergulhassem em uma atividade sexual selvagem com ele. Queria ser o brinquedo de todo mundo. Phil encontrou sua "força motriz" em seu pênis, mas não em sua masculinidade nem em seu gênero.

O que Phil não percebia é que, por meio de sua fantasia e atuação, ele se tornou a mãe e o pai que não aceitavam mudanças em seu estado de espírito, que não podiam tolerar decepção nem fracasso e que escolhiam em vez de vez disso ver seu filho em um estado idealizado, infantil e mágico. Sem consciência disso, durante nossas sessões o paciente reatuou os mesmos problemas que tinha com sua mãe real. Na transferência, o paciente ligou a mim o significado de uma mãe que não podia ajudar (nem mesmo pensava em ajudar) na transição desse homem-criança para se transformar em uma mulher (Rosenberg, 1999). Como o paciente não podia me usar como uma contenção conforme elaborava emoções, fantasias e difíceis estados psicóticos e perversos, ele sentia que eu havia falhado com ele.

Em 1965, Herbert Rosenfeld escreveu sobre a psicopatologia da adicção a drogas e como a organização narcisista na origem da adicção torna-se patologicamente impulsionada pelos efeitos do consumo de drogas. Ele caracteriza a patologia narcisista como similar a uma gangue ou organização criminosa, em que partes destrutivas da personalidade e as relações de objeto idealizado assumem o controle das partes amorosas. No caso de Phil, ele era alimentado por seus comportamentos destrutivos. As respostas que ele recebeu e as fantasias de ser desejado por homens e mulheres faziam com que ele se sentisse magicamente dotado e poderoso. Isso corresponde às ideias de Rosenfeld sobre a correlação entre o triunfo maníaco e a onipotência destrutiva conectada com a inveja primária. Ele coloca o ponto de fixação dos adictos a drogas no estado esquizoide paranoide e acrescenta que esses pacientes alcançam parcialmente o estágio depressivo, embora a mania e a onipotência também estejam em ação, e a compreensão da realidade fique fora de si.

A defesa maníaca tem tudo a ver com afastar-se da realidade, falta de pesar e degradação e desvalorização do objeto. No caso de Phil, isso se manifestava como uma cegueira à realidade da passagem do tempo e como a incapacidade de se reconciliar plenamente com sua constante sensação de confusão que o mantinha em um estado infantil: um menininho sempre carente de ajuda e incapaz de terminar sua dependência em relação aos pais. Isso servia para afastar o envelhecimento e a morte de si mesmo e de seus pais, enquanto ele vivia para sempre na fronteira da morte e da destruição. A necessidade que ele sentia de desvalorizar e destruir nosso trabalho talvez fosse uma prova de que eu, como sua mãe, não podia tolerar sua "transição".

Como uma analista, a vida da mente e a busca da verdade psíquica e da realidade são importantes para mim. Minha postura de não apoiar automaticamente meu paciente em sua busca da terapia hormonal parecia integral para preservar a vida da mente. Eu acreditava que a postura de "ir em frente" que Phil queria de mim iria ativar ainda outra faceta da adicção. É lamentável que o contexto e a continuação de seu tratamento durante a Covid-19 tenham sido afetados e alterados. Penso que qualquer modificação de técnica e de contexto pode ter um efeito prejudicial sobre nossos pacientes e sobre nossa prática. Neste caso, o *lockdown*, o fechamento do consultório e o trabalho on-line podem ter contribuído para meu fracasso em proteger meu paciente de sua própria fúria assassina e destruição.

Phil não podia tolerar que eu visse sua transição. Em nossa segunda sessão presencial, ele avaliou encontrar uma antiga namorada, Jo-elle, para almoçar. Ele explicou como, durante seu encontro, havia contado a ela que faria a transição, e que ela havia lhe dado um apoio incrível. Disse à ex-namorada que estava experimentando trocas de roupas e uso de maquiagem, mas não sabia o que estava fazendo. Jo-elle perguntou se Phil queria experimentar suas roupas. Ele fez isso, mas admitiu que se sentiu estranho, como se tivessem tido uma relação sexual. "Pareceu um pouco estranho, mas isso passou." Phil continuou explicando que ele flutuava entre estar eufórico, feliz e com lágrimas nos olhos e estar ansioso e disfórico. Disse que seus ombros eram grandes demais, seu peito era peludo demais. Ele não pensava verdadeiramente que poderia ter êxito em ser uma mulher. Ao mesmo tempo, quando usava um vestido, Phil disse que sentia como se estivesse colocando sua pele de novo. Discutiu suas leituras de fontes trans on-line, a procura de fotos de pessoas trans, e disse que as achava inspiradoras e sexualmente excitantes. Falou que tentava não ver as imagens como pornografia e que, se começava a se sentir desse jeito, ele parava de vê-las.

Na transferência, eu percebia que Phil tinha uma fantasia de experimentar as minhas roupas. Ele sentiu que, por não lhe dar meus vestidos, eu não via a beleza que ele estava imaginando e, em vez disso, via-o como alguém arruinado; que, ao me ver como sua mãe, ele imaginou que eu não queria vê-lo como uma pessoa trans e achava que ele estava louco. A realidade era que eu queria explorar isso sem uma data específica para cirurgia ou para terapia de reposição hormonal. Explorar, analisar e imaginar fazem parte do que precisa estar em ação para que essa decisão possa ser tomada. Além disso, usar o espaço para pensar, explorar e encontrar significado é o cerne da experiência analítica. É apenas quando a pessoa reflete e questiona que a verdade é revelada.

Junto com a fantasia de se tornar uma bela mulher, eu também sentia que Phil se preocupava com as pessoas saberem que isso não seria verdade. Isso expressava para mim a disforia e também a parte sã da personalidade dele. Eu fiquei pensando se ele era realmente trans. Ele tinha a ideia de sexualidade onipotente e um senso de eu fragmentado. Sentia que era sua própria criação, sua própria arte. Como terapeuta de Phil, eu tinha de criar um espaço para o lado disfórico. Ele precisava de mim e veio para mim porque sentia que havia algo que não estava certo. Ele sentia que nunca seria uma bela mulher. Eu sugeri que ele desejava fazer a transição porque, para ele, tornar-se uma mulher era ainda outra adicção.

Phil concordou. Ele disse que era por isso que precisava de minha ajuda. Descreveu uma mulher que viu no trem – sua altura, com ombros largos – e ficou pensando se ela era uma mulher trans. Disse que não pensava que estava obcecado por essa pessoa porque queria fazer sexo com ela, mas sim porque queria se transformar nela. Ele me informou que havia contado a amigos que ia fazer a transição.

Phil mais uma vez recontou como tinha se revelado para sua mãe enquanto a levava para um jantar de aniversário na casa de sua tia. Ele estava pintando as unhas e se sentia aliviado e feliz com a nova maneira como percebia a si mesmo. Durante o trajeto, a mãe dele fez comentários sobre as unhas de Phil que ele sentiu como transfóbicas. Ele encostou o carro e disse a ela que estava fazendo a transição. A mãe dele recebeu mal a notícia e começou a chorar imediatamente. Ela disse a Phil: "Por que você tem de me contar isso agora?"

Durante a sessão, Phil me disse que se masturbava na frente do espelho. Ele se apaixonou por sua imagem, ficou apaixonado por si mesmo usando um vestido e vendo seu pênis balançando embaixo da saia. Eu respondi: "Você acredita que eu, também, sou como a sua mãe. Que eu não o apoio e que eu vejo coisas loucas. E talvez parte de você queira que eu carregue essa ansiedade por você – a realidade –, o fato de usar um vestido não transforma você em uma mulher". Nesse momento, eu senti que Phil verdadeiramente sentia ser um homem; que, ao contrário das pessoas trans, que fizeram a transição para se transformarem em seu eu verdadeiro, ele não tinha realmente um desejo de se tornar uma mulher; que, em sua mente, ele queria se tornar tudo, ser tudo. Tornar-se homem e mulher, talvez para preencher a si mesmo. Ele queria ter e se tornar os dois sexos para que não tivesse de sofrer ambivalência em relação à ansiedade e a perda de ter de fazer uma escolha e uma maneira de não vivenciar nenhuma perda em relação a desistir de seu apego ao pai ou à mãe.

Phil não discordou. Ele explicou como tinha recentemente comprado maquiagem. Disse à vendedora que o atendeu na loja que estava fazendo a transição. Em casa, experimentou a maquiagem e achou que parecia ridículo. Embora sentisse que tinha se saído muito mal, ainda assim estava feliz. Esse intenso amor por si mesmo transformou-se em excitação, e Phil acabou tirando fotos sexuais de si mesmo e se masturbando na frente do espelho. Ele disse: "Eu senti um intenso desejo de ser castrado, e isso parece saudável. Eu assisti cenas pornôs de mulheres trans... Eu tenho intensas fantasias sexuais de ser um objeto de desejo para homens e mulheres. Minha maior fantasia sexual tem a ver com um brinquedo sexual poderoso. Eu queria ser uma maravilhosa loira burra que pudesse transar com todo mundo... criar um site trans, vender a mim mesma e ganhar dinheiro. Eu só queria ser uma mulher e ser linda. Agora tudo que eu quero fazer é ir para casa e me arrumar".

Eu respondi: "Ouço o que você diz. A criança trans desencadeou algo para você". Perguntei a Phil quanto desse desejo tinha a ver com inveja das mulheres, e ele me disse que não precisaria invejá-las se fosse uma delas. Eu lhe disse que havia muito para separar: gênero, sexo, personalidade e o que é "lar". Eu lhe disse que era compreensível que ele estivesse bravo; que a Covid-19 era muito difícil e que, com seu emprego terminando logo, ele devia estar assustado, confuso e se sentindo desamparado.

Quando a sessão acabou e Phil foi em direção à porta, ele me perguntou se eu daria uma carta para ajudá-lo a conseguir a transição. Respondi que hormônios e transição eram um assunto de que precisávamos falar com mais profundidade; que essa não era uma conversa para ter ao lado da porta. Mais uma vez, ele parecia querer desesperadamente agir sem pensar a respeito do que estava fazendo.

Phil não retornou. Conforme o tempo passava, eu pensei em como ele não conseguia tolerar que eu testemunhasse sua transição, quase como se ele não quisesse ver a decepção ou a desaprovação nos meus olhos. Além disso, eu era dispensável. A mãe real não era. Ele podia me descartar e manter a mãe, embora desejasse descartá-la também. Eu também pensei sobre narcisismo e sexualidade. Poderia ser que Phil fosse o tipo de narcisista que achava que era o homem mais bonito no mundo e que ficava excitado ao ver-se no espelho. É um paradoxo, como se, mesmo não se sentindo perfeito, ele ainda pensasse: *Estou no caminho de me tornar perfeito e de me amar. Tenho uma atração homossexual por mim mesmo e sou tão bonito.* Poderia ser que ele quisesse se tornar a mulher que queria ter; que ele não estivesse apaixonado por uma mulher; que estivesse apaixonado por uma pessoa fragmentada e fabricada, uma mulher autoconstruída que também fosse um homem: ambos são ele mesmo. *Estou tão apaixonado pela mulher que vou me tornar que fico excitado.* Ele pode criar esse casal combinado, que é ele, que ele ama, que o ama. É a falta de realidade disso que o excita; uma caricatura concretizada.

Existe uma violência em Phil. Onde estava o espelho? Ele tinha de criá-lo sozinho ao se vestir como uma mulher, ao se tornar um homem e uma mulher amando a si mesmo. Ele estava matando os pais, substituindo-os e dando à luz um novo eu; não metafórica, mas concretamente: um casal combinado.

Isso é adicção.

Referências

Joseph, B. (1975). On the addiction to near death. In *Psychic equilibrium and psychic change: selected papers of Betty Joseph* (New Library of Psychoanalysis, 9; pp. 1-222). Tavistock/Routledge, 1975.

Klein, M. (1930). The importance of symbol formation in the development of the ego. *International Journal of Psychoanalysis, 11*, 24-39.

Pieczanski, A. (2018). Some thoughts on addiction and perversion in psychoanalysis: theory and technique. In P. Garvey & Kay Long (Eds.). *The klein tradition*. Routledge.

Rosenfeld, D. (1992). *The psychotic aspects of the personality.* Routledge.

Rosenfeld, H. (1960). On drug addiction. *International Journal of Psychoanalysis, 41*, 467.475.

Rosenfeld, H. (1964). On the psychopathology of narcissism: a clinical approach. In *Psychotic states.* Hogarth.

Rosenfeld, H. (1971). A clinical approach to the psychoanalytic theory of the life and death instincts: an investigation into the aggressive aspects of narcissism. *International Journal of Psychoanalysis, 52*, 169-178.

12. Recuperação de 12 passos e a sobriedade analítica

Emily Schlesinger

Eu raramente ouvi psicanalistas falarem em público sobre a recuperação de 12 passos, embora muitos – em supervisão ou em outros ambientes – reconheçam em particular seus benefícios. Minha experiência tem sido de que a terapia psicanalítica e os grupos de recuperação de 12 passos, como os Alcoólicos Anônimos®, não só se complementam como são necessários um para o outro: que um adicto sem um bom analista tem menos probabilidade de ser bem-sucedido no AA, e que uma terapia analítica para um adicto que não inclua o AA pode estar destinada ao fracasso.

Acredito que seja vital que os analistas que estão dispostos a tratar adictos e alcoólicos estejam familiarizados com os princípios do AA (e de seus grupos afiliados, a que vou me referir apenas como AA neste texto) e assumam uma posição ativa de apoio em relação à participação dos pacientes no programa. O analista deve ser capaz de entender os princípios do programa em termos do pensamento psicanalítico, de traduzi-los em vez de descartá-los como inferiores a nossas compreensões intrapsíquicas sofisticadas. Isso ajuda o analista a acreditar na eficácia do programa e também pode ajudar o paciente que poderia estar aberto a formulações analíticas, mas desconfiado do jargão dos 12 passos.

Neste Capítulo, serão compartilhadas algumas de minhas próprias interpretações dos princípios do AA e apresentar o conceito da "sobriedade analítica", que defino no decorrer do Capítulo. Nós nos arriscamos a perder a sobriedade analítica quando estamos trabalhando com casos desafiadores como os de adictos ou alcoólicos. A fim de recuperá-la ou mantê-la, podemos olhar para os 12 passos.

O primeiro dos 12 passos é: "Admitimos que éramos impotentes perante o álcool – que tínhamos perdido o domínio sobre nossas vidas". Quando estou avaliando um paciente para alcoolismo ou adicção, em vez de usar um manual de diagnóstico, ouço aquilo que entendo como impotência em relação a uma substância e uma vida que fugiu ao controle devido ao uso de substâncias.

Pode demorar para avaliar o alcoolismo, mas, em algumas ocasiões, eu fiz isso muito cedo quando percebi uma dinâmica específica: muitos alcoólicos procuram terapia como um tipo de barganha, um modo de sentir que estão fazendo "alguma coisa" para melhorar a si mesmos e que talvez, por meio do tratamento, eles possam aprender a beber "como uma pessoa normal". Um sinal indicador dessa dinâmica é que o paciente procurou tratamento porque perdeu ou tem medo de perder um relacionamento ou trabalho por causa de seu abuso de substância; ele procura você por causa de um ultimato ou com a crença de que pode recuperar algo que perdeu, como se isso pudesse ser um conserto rápido.

Nesses casos, para evitar conspirar com as fantasias do conserto rápido ou de beber com moderação, eu intervenho ativamente, dizendo ao paciente que eu acredito que o mais provável é que ele precise participar do AA para ficar sóbrio e que me disponho a trabalhar com ele até que esteja pronto para ir às reuniões – em outras palavras, eu não rejeito as pessoas se não estiverem prontas para o AA –, mas digo que existirá um "telhado de vidro" no trabalho que podemos fazer juntos até que ele esteja pronto para desistir do álcool e das drogas.

Quando confrontamos a fantasia dizendo que, embora possamos oferecer algo de profunda importância para o paciente, nós duvidamos que sozinhos possamos ajudá-lo a obter controle sobre seu alcoolismo – e que ele terá de fazer um trabalho adicional a fim de conseguir isso –, estamos a caminho de estabelecer um tratamento que é sóbrio: sincero e realista, em seu escopo e metas.

Eu digo ao paciente o que sei: o AA é o que tenho visto funcionar para muitas pessoas. Nós podemos explorar a vasta gama de alternativas disponíveis ao AA. Eu reconheço que o AA tem seus pontos fracos, e, se o paciente conseguir encontrar alguma outra coisa que funcione melhor para ele, eu o apoio. Sou clara em relação a ser uma analista com formação no trabalho com o trauma, não uma especialista em adicção. Mas que, no decorrer dos anos, sendo alguém que trabalha com trauma e não tem medo de assumir casos difíceis, eu trabalhei com um bom número de adictos.

Uma razão pela qual eu valorizo essa abordagem é que acredito que ela cria um tipo de espaço mental quando sugerimos ao paciente que existem duas maneiras diferentes, mas complementares, de ajudá-lo com seu problema, e que vamos trabalhar para criar um diálogo entre essas duas abordagens. Muitos adictos são filhos de pais narcisistas; eles escolhem uma substância em vez do contato com uma pessoa por causa de um medo do envolvimento, que muitas vezes está ligado ao medo de ser absorvido na realidade perversa de um pai perturbado. Incentivar a participação em reuniões significa que a analista pode sobreviver a uma reaproximação, que ela está aberta a reconhecer que existe mais de uma perspectiva, ou mente, envolvida no processo de tratamento. Isso também significa que ela não é grandiosa: a adicta viveu a vida inteira pensando que deveria ser capaz de resolver seus problemas, e encontrar uma analista que pense que pode curar a paciente sozinha é problemático.

Em outras palavras, o primeiro passo para que o analista mantenha a sobriedade é reconhecer sua própria impotência para tratar o alcoolismo.

Tenho minhas próprias reservas em relação a começar um tratamento com uma avaliação ativa: existe o risco de enviar a mensagem de que eu não estou aberta à transferência. Um paciente, cujas únicas experiências precoces de "vinculação afetiva" eram com relação a um pai ou uma mãe completamente narcisista, poderia perceber a sugestão do AA como uma rejeição. Minha esperança é que eu possa transmitir que será mais seguro ter qualquer transferência que ele precise ter se participar do AA. Alguns pacientes podem odiar (ou sentir uma inveja insuportável) de minhas tentativas de estabelecer a segurança. Minha impressão, embora eu possa estar errada, é que aqueles que realmente não conseguirem aguentar uma intervenção dessas não estão prontos para o tratamento (ou para o tratamento comigo).

Pode ser desnecessário começar dessa maneira porque os pacientes tendem a encontrar os grupos de recuperação quando estão prontos para encontrá-los, e é melhor quando essas reuniões são descobertas por meio da própria autonomia e experiência do paciente no mundo. Mas não vejo problema em dizer à paciente desde o início a verdade sobre o meu pensamento e, na minha opinião, é muito valioso dizer à paciente que você entende a gravidade de sua condição e ainda a aceitará, quando ninguém até então em sua vida conseguiu fazer essas duas coisas.

Pode demorar anos para saber com qual tipo de caso você está lidando e se a "incontrolabilidade" do paciente está diretamente correlacionada com a impotência em relação a uma substância (eu argumentaria realmente que achar a vida incontrolável em 2022 pode ser um sinal de saúde. Acredito que seja nossa tarefa como analistas reconhecer e validar a quase impossibilidade de administrar a vida neste mundo aterrador, mas também assumir a posição de que é possível ter uma vida "suficientemente administrável" e essa é uma boa meta. Em circunstâncias extremas de violência ou de precariedade, podemos ter de aceitar uma vida *interior* suficientemente administrável).

Também devo acrescentar que trabalhei com muitos pacientes que usavam substâncias muito mais do que deviam, a quem eu não consideraria adictos, e tive casos bem-sucedidos com pessoas desreguladas, que se automedicavam e que diminuíram o uso durante o tempo sem o AA.

Quero falar um pouco mais sobre impotência, porque essa é uma palavra da qual muitas pessoas não gostam e a citam como um motivo por que são contra o AA. Muitos alcoólicos e clínicos argumentam que essa palavra tira o poder de ação do adicto. Mas e se pensarmos sobre impotência como similar ao inconsciente? Como analistas, nós damos por certo que todos somos dirigidos por motivações inconscientes além de nosso controle. Isso não nos impede de trabalhar várias vezes por semana para fazermos o melhor possível para entender nossas próprias mentes. Como no AA, na psicanálise é o trabalho (comportamental) de estar presente, com frequência, para nos conectarmos conosco e com os outros, que nos dá autonomia, apesar do fato de sermos impelidos por forças ainda não compreendidas.

Também é importante observar que a sabedoria de alguns dos 12 passos ajuda os participantes a reconhecer o poder, mais bem expresso como autonomia ou controle, que eles de fato têm: "Se você não a pegar, ela não vai entrar em você". Em *White Out:*

The Secret Life of Heroin, o memorialista e estudioso Michael W. Clune descreve o impacto transformador desse aforismo simples: "Isso foi a invenção da escolha para mim. Minha vida não era mais como uma bola rolando ladeira abaixo na boca de maconha". Frases como essa ajudam o adicto a saber que existem passos que ele pode dar para evitar o uso que parece inevitável. O poder – uma ilusão, sempre agarrada como uma possibilidade esperando do outro lado do hoje – pode ser substituído pela realidade da escolha.

Eu descobri que os pacientes mais aterrorizados pela "impotência" também têm medo de entrar para grupos como o AA por causa do medo da perda da identidade ("isso não é um culto?", dizem eles). Nesses casos, o trabalho pode levar muitos anos, enquanto o analista trabalha para ajudar a resolver as ansiedades precoces desses pacientes que ainda não têm um eu suficiente para se juntar a um grupo. É inevitável que o paciente talvez apareça nas sessões bêbado ou drogado, o que pode ser doloroso e assustador para o clínico. A confiança básica não foi estabelecida para esses pacientes, e eles são como os falsos eus de Winnicott, que aparecem para o tratamento para determinar se esse será um lugar seguro para o verdadeiro eu quando este estiver pronto para emergir.

O analista pode ajudar com a preocupação sobre a perda de identidade ao indicar que as reuniões do AA são um lugar para que o paciente receba as ferramentas que precisa aprender para ficar sóbrio e para se conectar com outros que sabem como é passar por esse processo; e que a análise é o lugar em que o paciente vai a fim de trabalhar para fortalecer seu senso de eu individual e suas histórias únicas (isso também me lembra de um insight de um colega, que observou que ele acha a mensagem compartilhada no final das reuniões "Continue voltando/funciona se você trabalhar isso" humilhante e prejudicial: e as pessoas com quem isso não funciona porque precisam de trabalho analítico além das reuniões? Nós podemos assumir uma posição de que essa é uma limitação do programa, que, para que "funcione", o adicto também precisa de um espaço terapêutico particular em que possa achar sentido em seu trauma).

Eu também quero pensar sobre o termo "poder superior" porque essa é outra fonte comum de resistência. O segundo dos 12 passos é: "Viemos a acreditar que um poder superior a nós mesmos poderia devolver-nos à sanidade". Em muitas reuniões, esse poder superior é entendido como Deus, e muitos pacientes afirmam que são resistentes ao AA por causa do elemento religioso. Alguns desses pacientes têm uma história real de trauma espiritual, como virem de uma família religiosa fundamentalista que não aceitava sua identidade sexual ou de gênero. É importante que o analista saiba que existem muitas reuniões agnósticas do AA, budistas seculares que participam do AA e aqueles que entendem GOD (Deus, em inglês) como uma sigla para *Group of Drunks* ("Grupo de Bêbados", em inglês). O analista pode sentir empatia com o aspecto frustrante das reuniões que pesam demais no aspecto divino e que, ao mesmo tempo, lembram ao paciente de que outro princípio fundamental do AA é "pegue o que você gosta e deixe o resto".

O analista pode sugerir que a perspectiva do poder superior seja simbólica de uma figura de apego seguro que o paciente não teve no início da vida, ou constância de objeto. A fé pode ser compreendida como fé de que alguém que o ama ainda terá você na mente quando você não estiver presente, de que pode haver alguém que o ame e que não o ferirá nem trairá. A constância de objeto é um conceito valioso para paciente e analista terem em mente, porque uma das coisas admiráveis sobre o AA é que ele sempre está presente; nunca deixa de haver uma reunião a que você pode ir. Embora seja impossível que o analista esteja sempre presente, o paciente adicto não está pronto em termos de desenvolvimento para a frustração de fins de semana e férias e precisa de algo que sempre esteja presente.

Uma paciente que estava mudando para o outro lado do país, depois de conseguir ficar sóbria enquanto trabalhava comigo, escreveu em um cartão: "Emily... eu cheguei até você como uma alcoólica ativa que não conseguia passar fio dental nos dentes e não ia ao dentista há sete anos. Estou deixando você sóbria, sem cáries, adequadamente medicada e com uma coisa que não tinha até muito recentemente: fé. Obrigada do fundo do meu coração por me indicar a direção a seguir".

Essa paciente não está falando de Deus. Ela está falando sobre a capacidade de acreditar que possa haver um amanhã em que ela se sinta melhor do que em um dia ruim, e fé de que ela seja uma pessoa com quem vale a pena se importar mesmo quando estiver lutando para se sentir digna de amor. Estava falando sobre ter conseguido um senso de continuidade, uma fé de que ela continuará a existir, apesar do trauma inicial de que algumas coisas podem fazê-la sentir-se como se estivesse desmoronando. Abordar o trauma inicial foi o trabalho de seu tratamento comigo, mas, para ser plenamente contida por seu tratamento, ela precisou do apoio de um grupo. E, a fim de navegar o grupo, ela precisou do meu apoio e de minha interpretação, como quando ela inicialmente escolheu uma madrinha que tinha os mesmos tipos de conflitos narcisistas que o pai dela. Essa situação foi tão perturbadora que, se minha paciente não tivesse meu apoio para esclarecer a situação, não sei se ela teria encontrado uma maneira de se manter no programa e buscar uma madrinha melhor.

Não sei se foi a isso que minha paciente se referia no bilhete, mas houve uma vez em que eu literalmente indiquei uma direção a ela: no início da recuperação, quando a madrinha dela se mostrou pouco confiável, a paciente me procurou em um dia muito ruim, pela primeira vez em meses, duvidando que pudesse passar pela noite sem uma bebida. Eu lhe perguntei como ela imaginava isso acontecendo, e ela me falou do bar para o qual ela estava se sentindo especialmente atraída. Se virasse para a direita ao sair do consultório, em direção ao metrô, ela passaria na frente desse bar. Se virasse para a esquerda, ela poderia ir a uma reunião e, depois, para casa. Ela tinha identificado o ponto em que uma escolha poderia ser feita. Eu lhe perguntei se ela achava que poderia ir para a esquerda. Na manhã seguinte, ela me mandou um e-mail com o assunto: "Fui para a esquerda!"

Alguns analistas podem argumentar que não é analítico indicar uma direção para alguém e que qualquer paciente que deixe o tratamento agradecendo a analista pela capacidade que desenvolveu de manter a higiene dental não entendeu o tratamento. Esses analistas não estão pensando em termos de desenvolvimento. Uma paciente que vai ao dentista (superando a fobia de cuidar de seu corpo) e passa fio dental nos dentes aprendeu que seu corpo pertence a ela, que ela existe no corpo, que ela não é só um monte de sentimentos que são transportados em um recipiente aleatório e que buscam alívio. Como disse Winnicott: "o Eu Verdadeiro vem da vivacidade dos tecidos corporais e do funcionamento das funções do corpo".

Vou discutir só mais um conceito valioso, que é a ideia de que alguém pode estar "seco", em oposição a sóbrio. Estar "seco" é se abster de drogas e de álcool, embora sem participar autenticamente na recuperação; isso também pode ser chamado de *white-knuckling* (fazer algo "a seco", enfrentar de frente algo que provoca intenso medo) e é similar a uma ausência de sobriedade emocional. As pessoas que estão secas podem se envolver em relacionamentos de adicção a sexo e comida, podem se comportar de modo abusivo em relação aos outros ou começar guerras desastrosas com o Iraque. Elas não têm a capacidade de residir na posição depressiva, nenhuma capacidade de estar sozinhas, e se relacionam perversamente com seus objetos ("perversamente" no sentido de que são sadomasoquistas; elas tentam fazer com que o relacionamento seja algo diferente do que ele é; como se costuma dizer, "elas não têm relacionamentos, elas fazem reféns").

Estar sóbrio, por outro lado, é estar livre. Isso não significa liberdade de anseio de uma substância. Isso pode nem estar no nível da infelicidade comum de Freud, porque os pacientes que ficam sóbrios podem descobrir que têm um enorme trabalho a fazer na análise antes de poderem chegar a esse ponto. Todavia, para estar sóbrio, é preciso de algum modo familiarizar-se com a posição depressiva e ter alcançado alguma capacidade de estar sozinho, que, paradoxalmente, significa capacidade de participar no grupo (você não pode existir em um grupo se não puder estar sozinho na presença de outra pessoa). O apego evitante é trabalhado a ponto de o paciente se voltar para o grupo, seu padrinho ou sua madrinha, ou seu analista antes de se voltar para uma substância.

O mais importante é que na sobriedade reconhecemos que a maioria dos bons sentimentos que temos na vida tem de estar conectada aos outros e a serviço deles. Não compulsivamente nem à custa do cuidado consigo mesmo. Mas essa autoestima não é derivada da gratificação narcisista, que em última instância é vazia e leva a mais anseio, mas de atos de gentileza e confiabilidade. Isso é irmandade.

Os psicanalistas muitas vezes têm a própria experiência de irmandade por meio das comunidades de pares, mas a maioria de nós poderia usar mais isso. Ao trabalhar com sucesso com pacientes que participam na recuperação de 12 passos, eu me vi invejando um pouco tanto a fé deles quanto sua conexão com um grupo, e isso me ajudou a localizar o trabalho que tenho a fazer em mim mesma, o trabalho que a análise apenas não resolve.

Ao trabalhar com menos sucesso com pacientes adictos que não foram capazes de participar do AA nem de encontrar outra maneira de estar sóbrios, eu mesma fui ajudada pelos princípios do programa. Os adictos são pacientes sedutores que nos puxam com as ansiedades precoces; eles se apoiam pesadamente na identificação projetiva como um meio de comunicação. Conforme eu podia sentir as partes psicóticas do meu paciente acessando minhas próprias partes psicóticas, "atuação" parecia uma palavra fraca demais para a elevada intensidade de conexão entre meu paciente e eu mesma, conforme eu respondia a mensagens de texto suicidas às 23 horas ou concordava em me sentar com ele em um banco de parque em uma tarde de sábado, quando ele estava novamente suicida depois de uma semana passada injetando heroína e fumando crack. Eu negligenciei responsabilidades pessoais porque estava tão envolvida pelo caos nessa pessoa, e, olhando em seu poço de anseio, eu descobri o "buraco do tamanho de Deus" dentro de mim: meu adicto interior. O trabalho havia sido deixado de lado. Encontrei conforto na sabedoria da prece da serenidade: eu precisava aceitar as coisas que não posso mudar, como a diferença irreconciliável entre meu objetivo para meu paciente – que ele vivesse – e o objetivo dele para si mesmo – que ele se autodestruísse.

Não sou a primeira analista a deixar o trabalho de lado em meu próprio desejo compulsivo de ajudar outras pessoas, negligenciando minha própria vida conforme eu buscava a adrenalina de entrar no caos do adicto em vez de cuidar do meu próprio caos. Meus heróis analíticos, Winnicott e Ferenczi, notoriamente envolveram-se profundamente com pacientes como Masud Khan e Elizabeth Severn. Acredito que esses pioneiros e seus pacientes teriam se beneficiado de uma compreensão da necessidade de buscar aquilo que chamarei de sobriedade analítica, que acredito que seja mais bem mantida por meio de meditação diária ou reflexão de atenção plena e irmandade: consulta frequente e regular com pares e supervisores. Mas a exploração de Winnicott e Ferenczi fica para outro artigo. Por enquanto, fiz o melhor que pude para "ser simples", destacando as maneiras como os analistas podem estar abertos à recuperação de 12 passos e dar apoio a ela – para o bem de seus pacientes, mas também para se tornarem analistas e seres humanos mais sóbrios e mais livres.

Sobre os autores

J. Marc Wallis, LCSW – psicanalista pós-graduado pelo San Francisco Center for Psychoanalysis, onde é docente. Formado pela Escola de Serviço Social da Universidade de Columbia, ele ensinou e prestou consultoria sobre abordagens analíticas integrativas para o uso de substâncias em vários ambientes clínicos e de ensino. Atua em consultório particular em San Francisco e Marin County, Califórnia, com adultos e casais, e realiza consultas clínicas.

Claudia Spadazzi, MD – membro plena da Sociedade Psicanalítica Italiana (SPI) e da Sociedade Psicanalítica Internacional (IPA). Psicóloga clínica, ginecologista, terapeuta sexual. Cofundadora da Diálogos Psicanalíticos Italianos (IPD). Membro do Comitê de Saúde da IPA.

David Rosenfeld – membro da associação psicanalítica de Buenos Aires. Professor de Psiquiatria da Faculdade de Medicina da Universidade de Buenos Aires. Vencedor do prêmio Sigourney, do Waldorf-Astoria Hotel de Nova York. Ganhador do prêmio Hayman. Melhor artigo publicado no Congresso Internacional Psicanalítico IPA de Berlim. Vendedor do prêmio da Universidade de Virgínia por sua contribuição que buscava compreender o mecanismo psicótico. Beneficiário da Fundação Berkeley Boyer por sua contribuição que visava a entender os pacientes Borderline no Congresso Internacional de Psicanálise (IPA) Chile.

William H. Gottdiener, PhD, ABPP, FIPA – psicólogo clínico licenciado e certificado pelo Conselho, psicanalista e professor titular de psicologia na John Jay College of Criminal Justice, da City University of New York (CUNY). Realizou seu PhD em Psicologia Clínica da The New School for Social Research e foi bolsista de pesquisa de pós-doutorado do National Institute on Drug Abuse. É diretor do Programa de Estudos de Dependência do John Jay College e diretor de treinamento clínico do Programa de Doutorado em Psicologia Clínica do Centro de Pós-Graduação CUNY. Foi presidente da Sociedade de Pesquisa Psicanalítica da Divisão 39. Publicou mais de 40 artigos e capítulos de livros e faz parte dos conselhos editoriais das revistas *Psychoanalytic Psychology, Journal of the American Psychoanalytic Association e Psychological Bulletin*. É membro da APA nas divisões de Dependências, Psicologia Clínica, Psicologia Geral e Psicanálise e da Associação Psicanalítica Internacional. Foi homenageado pela divisão de psicanálise da APA com o renomado Prêmio de Pesquisa e Bolsa, em 2015.

Alessandra Ricciardi Gordon – psicóloga clínica formada pela PUC/SP e psicanalista pela Sociedade Brasileira de Psicanálise de São Paulo. Fez especialização em Psicologia na Saúde no Departamento de Psiquiatria e Psicologia Médica da UNIFESP. Por esse mesmo departamento, obteve seu título de Mestrado com um projeto de pesquisa sobre linguagem verbal e funcionamento mental junto às pacientes internas na Unidade Psiquiátrica de Curta Permanência do Hospital Geral da UNIFESP. É membro efetivo e docente da Sociedade Brasileira de Psicanálise de São Paulo (SBPSP) e psicanalista de crianças e adolescentes pela IPA, com função didática na formação de psicanalistas de crianças e adolescentes na SBPSP. É autora de livro e artigos científicos. Exerce prática clínica há 35 anos em consultório na cidade de São Paulo com bebês, crianças, adolescentes e adultos. Atualmente é secretária de formação em psicanálise de crianças e adolescentes na SBPSP e delegada em Psicanálise de crianças e adolescentes da SBPSP junto a FEPAL. É integrante da Clínica zero a três da SBPSP e docente e supervisora do Cinapsia, curso de introdução à psicanálise de crianças nessa mesma instituição.

Victoria Regina Béjar – psicanalista, membro efetivo da Sociedade Brasileira de Psicanálise de São Paulo e docente do Instituto Durval Marcondes. Coordenadora do grupo de estudos e investigação das expressões corporais da dor psíquica: dor crônica e adicções, da diretoria científica da SBPSP. Coordenadora do grupo de estudos de Atibaia e região, da diretoria regional da SBPSP. Coordenadora e docente do curso de psicossomática psicanalítica do Núcleo de Marília e região. Representante na América Latina do subcomitê de adicções da Associação Internacional de Psicanálise. Coordenadora do curso virtual "Dor psíquica, dor corporal: paradoxos da sobrevivência psíquica." Organizadora dos livros *Dor psíquica, dor corporal*: uma abordagem multidisciplinar, em 2017, e, com Eliana Nazareth, de *Imunidade, memória e trauma*, em 2020, pela editora Blücher. Médica psiquiatra (CREMESP 27321. RQE 40606).

Debra Gill, LCSW, FIPA – analista de treinamento e supervisão do Instituto de Formação Psicanalítica da Sociedade Freudiana Contemporânea e faz parte do corpo docente permanente. Também supervisiona e ensina no Instituto Metropolitano de Treinamento em Psicoterapia Psicanalítica, onde contribui para a comunidade de saúde mental, oferecendo seminários de educação continuada. É membro da APsaA e participa do Comitê de Campo Humanitário da IPA e do Subcomitê de Vícios da IPA. Além disso, estuda e apresenta temas relacionados a ansiedades infantis, traumas psíquicos e transmissão de traumas intergeracionais. Contribuiu para o livro *Trauma, Flight and Migration: Psychoanalytic Perspectives*. Atua profissionalmente na cidade de Nova York.

Raquel Plut Ajzenberg – psicanalista pelo Sedes Sapientae, supervisora clínica da Clínica de dependentes Greenwood (1986 a 2002). Membra efetiva e docente da SBPSP. Secretaria-geral do Instituto Durval Marcondes (2021-2022). Psicóloga pela PUC-SP (CRP 4191-06).

José Alberto Zusman – médico psiquiatra (CRM 5244918-4), mestre em psiquiatria UFRJ, doutor em psicanálise pela UFRJ, professor do Programa de Psiquiatria e Saúde Mental do Instituto de Psiquiatria da UFRJ. Didata, professor e supervisor da Sociedade Psicanalítica do Rio de Janeiro (SPRJ). Pós-doutorado em parceria do Instituto de Psiquiatria da UFRJ/Harvard. Membro pleno da Comissão de Saúde da IPA. Catedrático da Subcomissão de Addiction da IPA. Presidente da SPRJ.

Marina Loukomskaia – mestre e doutora em psiquiatra e psicanalista. Atua como analista de treinamento da Sociedade Psicanalítica de Paris e é presidente do Conselho Científico e Técnico da Sociedade. É professora e supervisora no Instituto Psicanalítico Europeu do IPA. Membra do Subcomitê de Dependência da IPA, também esteve envolvida no desenvolvimento de uma abordagem psicanalítica nas instituições comunitárias de saúde mental e centros de tratamento de drogas em Paris. Publicou uma monografia e vários artigos em francês, inglês e russo relacionados aos transtornos de dependência. Atua em consultório particular em Paris, atendendo a adultos.

Vivian Eskin – psicanalista de formação e supervisão na Sociedade Freudiana Contemporânea (CFS). É membro da IPA, APA e

IPTAR. Leciona em vários institutos de treinamento na cidade de Nova York (CFS, IPTAR e Metropolitan Institute). Também publicou sobre vários temas relacionados ao trauma. Tem treinamento adicional em Psicoterapia Pai-Bebê (Programa Anni Bergmann pai-bebê, NY) e Psicoterapia Psicanalítica de Casal (Tavistock Relationships, Londres, Reino Unido). Atua no Upper West Side de Manhattan.

Emily Schlesinger – membro da Contemporary Freudian Society, onde é co-presidente do Comitê de Diversidade, Equidade e Inclusão. Lecionou e supervisionou no Instituto de Treinamento Psicanalítico do CFS. Também é representante norte-americana do IPA Subcommittee on Addiction. Atualmente, atende em consultório particular.

GRÁFICA PAYM
Tel. [11] 4392-3344
paym@graficapaym.com.br